JN222366

心の不思議

櫻井昭彦

三省堂書店／創英社

まえがき

人間は確固とした揺ぎない世界に住んでいる。ところが、生活の心配や将来の不安、家の問題や仕事の悩みにたえず突き動かされているのも人間である。

人間の住む世界や社会、人間存在そのものは確固としたものであるのに、そこに生起してくる現象に人間はたえず対応を迫られ、時には楽しみ、時には苦しまされている。

人間の住む世界における物質現象的なものと人間との相克、矛盾、軋轢は一体どこからくるのだろうか、と誰でも一度は考えてみたことがあるかもしれない。

人間は身体的存在であるばかりではなく、すぐれて精神的存在である。自己自身について考察する時にも、身体的存在として考えているよりも、むしろ精神的存在として考えているのにちがいない。

人間が見ているものや考えていることは、ほとんどが日常的で身体的な事柄であるかもしれない。それは、人間が現在の生に強くとらわれているためであって、人間の死について考えてみただけでも、現在の生に人間精神の在り方が深くかかわっていることを否定することはできないだろう。

そこで、現れている身体的存在としての人間と、隠されている精神的存在としての人間をひっくるめて、人間的存在として考察することを試みたのである。

心の不思議　目次

まえがき……1

序章　固定的世界の奇妙な感覚

1 奇妙な感覚と感覚作用……8
2 社会的生活……12
3 身体的生活……16
4 世俗的生活……20

第1章　空相と実相

1 価値観と有用性……26
2 人間の目的と役割……29
3 外部的なものと内部的なもの……33
4 虚構性と有用性……35

5 空を観じる知恵……40
6 存在の空相と縁起の実相……44

第2章 用と人間の心

1 用と人生期……50
2 用と自己……54
3 心の在り方について……57
4 心の方向と心の在り方……62
5 人間存在と空の概念……66
6 愛の目的と用の秩序……70

第3章 人間の思考法

1 前近代社会から近代社会へ……76
2 社会的生活の変貌と個人的生活への影響……80
3 失われた伝統思考法……84
4 合理主義思考法の限界……88
5 真理思考法……92

6 真理思考法の認識と実践……95

第4章 人間の生き方

1 なぜ人間は生まれてくるのか……102
2 無知に生まれてくる人間……106
3 縁起とは何か……109
4 心の世界と苦の克服……112
5 身体と精神の関係・条件……117
6 人生期の生き方……120

第5章 中道と観念の世界

1 中道の認識と実践……126
2 苦と心の問題……129
3 物と心の関係……134
4 人間の観念の世界……138
5 人間の観念と霊的流入……141
6 外部的現象的なものと内部的本質的なもの……145

第6章　外部と内部の相応

1 人間の意識と霊的存在……152
2 自然的観念と霊的観念……157
3 自然的観念と霊的観念の相応……161
4 時間と状態の変化……164
5 外観の変化と用の相応……168
6 内部の相応……173

第7章　心の反映と用の秩序

1 死んでいるものと生きているもの……178
2 内部の映像と天界の幸福……181
3 創造の映像と用の形……186
4 人間の心と用の秩序……190
5 人間の選択とその住む世界……194
6 心の反映と人間の用……197

第8章　真理思考法の生き方

1　心の反映と用の相応……202
2　用の秩序と因縁の法……205
3　真理思考法における用と因縁……209
4　人間としての心の問題……213
5　人間の社会と用の種類……218
6　人間の愛と天使の用……222
あとがき……227

序章

固定的世界の奇妙な感覚

1 奇妙な感覚と感覚作用

なぜ自分はここにいるのだろうか、とふと思うことがある。

そして、ここより他に知っている所はないかと考えてみるのだが、もちろん他に知っている所などどこにもあるわけがない。ここというのは、われわれ人間が住んでいる地球上の世界のことである。

そういう突飛なことを考えたのは、われわれ人間が住んでいる世界というのは、何かおかしいという奇妙な感覚があるからだ。それで、先ずここより他に知っている所はないかと自分にたずねてみたのだが、ここより他に知っている所はどこにもなかったのである。

次に、奇妙な感覚はどこから来るかと考えてみたのだが、自分自身からという以外にさしたる根拠があるわけではない。

それで、この奇妙な感覚は、自分自身とこの世界がどこかで不協和音を発しているせいではないかと気がついた。それならば、自分自身と世界から発する不協和音の出所をたずねなくてはならないが、それには、現在自分がいる所から始めるのがいいだろうと考えた。

自分、いやここでは人間と一般化して考えてみようと思う。

人間は身体を持ってこの地球上に住んでいる。一応、物質現象界と呼ぶことにしよう。この世界は物質と現象の世界であるからだ。人間の身体も物質でできている。

人間には、見る、聴く、嗅ぐ、味わう、触るという眼、耳、鼻、舌、皮膚の感覚作用がある。いわゆる五官といわれるものである。この感覚作用によって、人間は世界と接触している。接触する対象は、物質と現象である。人間は物質とそれによって生起する現象以外のものは一切その感覚作用によってとらえることができないからである。

しかもこの感覚作用にも制約があって、視覚は光の波長が七色の虹の範囲内であり、大口径の天体望遠鏡を使用しても、宇宙は銀河系の範囲内しかとらえることができない。聴覚は20キロヘルツ以上の高音をとらえることができないし、その他の感覚器官について他の動物と比較しても多くの制約がある。

人間がこうした感覚作用に別段疑問を持たないのは、感覚器官に障害のある人間は別として、これらの感覚器官は、人間が日常生活を行うには必要十分なだけの役割をはたしているからだろう。

人間が感覚器官に対して十分信頼をおいているということは、人間は感覚器官がとらえることのできる世界がすべてと感じ、それを信じ、それに基づいて自分の観念を形成しているということになる。人間の感覚でとらえることのできない世界、もし仮にそうした世界が存在するとしても、人間が物質現象界を生きていく上では、これで必要十分なものであるからには、人間がわからないことをそれ以上知ることに何の意義も見出せないだろう。

人間の感覚器官は非常に不完全なものであるにもかかわらず、人間は自己の感覚器官を疑おうとはしない。感覚器官を疑うことはまさに自分自身を疑うことになるからでもある。

問題は人間が不完全な感覚器官を信じて、感覚器官がとらえた世界がすべてであると信じているところにある。それは、人間が不完全な感覚器官に基づいて、自己の世界観を形成し、様々な観念や信念を作り出していることを意味する。これは、人間と世界とのかかわりを考える場合には、やはり無視できない問題である。

われわれは自分の感覚器官をあまりに信じすぎているかもしれない。そうだとすれば、そこから形成された世界観、様々な観念や信念を一度疑ってみる必要があるといえるだろう。

感覚作用においては、誰でも眼が見、耳が聴き、鼻が嗅ぎ、舌が味わい、皮膚が感じると思っている。ところが、心神喪失の状態においては、眼が見、耳が聴いたものをまるで認識していないし、憶えてもいない。それほど極端な状態でなくても、誰でも眠っている時に、地震があったり、近所で火事騒ぎがあっても、まるで知らなかったということがある。あんなに揺れたのにとか、あんな大騒ぎを知らないなんて、と後で言われてもぐっすり眠っている時には、何も気づかないことがある。

人間の感覚作用が当てにならないものだというばかりでなく、たとえ眼や耳などの感覚器官が働いていても、心がそこになければ、人間は認識することができないということである。眠っている時には、眼はつぶっていたにしても、耳はあいていたのだから、大きな音が近くでしていれば、聴えなかった筈がない。それは、眼や耳などの感覚器官はあくまで認識のための器官であって、認識しているのは頭脳を通じた心の働きだからである。心がそこになければ気づかないことがよくあるものである。ぼんやりしている時など、心ここにあらずなどといわれるではないか。

街を歩いている時にしても、そこにある物体をいちいち詳細に観察し、記憶しているわけではない。実際には、一応見たり聴いたりしたものをこれは何だととらえて、特に注意を換起されるようなものでなければそのまま通りすぎてしまう。したがって、後から何があったか思い出そうとしても、細部は記憶されていない。もっとも、何でもこと細かに記憶していたなら、とても神経がもたないだろう。

人間の感覚器官は非常に狭い範囲の感覚作用しか持たない器官であると共に、心がそこになければ、あるいは特に注意を換起されなければ、全く認識することができないということである。

こんなに不完全な感覚作用で、人間はよく生きていけるものだと思われるかもしれないが、人間にはこれまで述べてきた五官の他に、第六感があるといわれている。第六感というのは、五官の働きではわからない物事の本質を鋭くとらえる心の働きのことである。最初に述べた奇妙な感覚なども、この第六感の働きによるものなのだろう。

人間は感覚器官ではとらえられない物事の本質を第六感という心の働きでとらえ、感覚作用をおぎなっている。第六感は、勘が働くともいわれ、仕事や芸事やスポーツにおいて、物事に習熟してくると、感覚作用以上の働きを示すことがある。盲目の女性が目明きでも難しい針めどを簡単に通し、上手に裁縫をしている様子を見ると、技能の熟練とか勘とかいうのは凄いものだとわかる。

第六感は、このような特定分野ばかりでなく、日常生活のあらゆる場面で働いている筈であるから、人間の観念や信念の形成過程においても、大いにあずかっているものと思われる。したがって、人間には感覚作用の他に物事の本質をとらえる心の働きが確かにあるということである。

人間は不完全な感覚作用を第六感という心の働きでおぎないつつ、自己の観念や信念を形成しているのであるが、次の問題は人間が感覚作用でとらえた物質現象界が絶対であると信じているところにある。

人間の立っている地は確固として動かないし、山はどっしりとしてそこにある。海は外見的には様々に変化するにしても変らずにそこにあり、大空も同じである。この世界のどこに疑いをさしはさめようか。地や山、海や大空に疑いをいだく人間がいるとしたら、頭がどうかしているとしか思えないだろう。

地や山、海や空に様々な現象が生起しても、確固として変らない物質、それが物質現象界である。

物質現象界においては、空間が固定されているばかりでなく、時間も固定的である。1日は24時間であり、1年は365日と4分の1、朝の次には昼が来て、その次にはきちんと夜がめぐってくる。例えば日本の季節は春、夏、秋、冬と周期的である。1日も1年も、全く変らずに動いている。

これほど確固たる空間と時間の中で生きている人間には、物質現象界そのものを疑うことなどとてもできるものではない。しかし、この世界がすべてだろうかという疑問と共に、ここが絶対的なものとして信じるに足る世界だろうかという奇妙な感覚は残るのである。

2 社会的生活

人間は確固として揺ぎない世界に住んでいる。身体が健全であり、五官が十全に機能していれば、何の疑問も生じないだろう。自分はこの世界の中で十分うまくやっていけると思っていることだろう。

人間が物質現象界を絶対的なものだと思ったとしても何の不思議もない。人間はそこに住み、そこから宇宙の彼方へ飛び出していくなどということはなかなかできないことだからだ。人間には、そこ以外に選択の余地はないといえるだろう。

人間にとっては、広い地、高い山、大きな海があれば十分である。耕作もできるし、狩猟もできるし、魚釣もできる。高い山に登ることもできれば、大きな海を航海することもできる。

人間は孤独に暮すことを好まない。男女が寄り添い、家庭を作り、子供を生み、育てる。そして、集落を作り、社会生活を営む。

冒険を好み、旅をする人間もいる。しかし、大概の人間は、地に定住し、仕事や気晴らしに短い旅をするぐらいだ。

人間は社会的動物だといわれる。

生れたばかりの赤ん坊は、自他未分の状態にある。幼児になると、自我が芽生え、他者を意識するようになる。そうすると、欲望が出てきて、他者との競争意識が生まれてくる。

子供のエゴイズムには執着心を伴わないため、可愛いところがある。しかし、長じてくると、自我、欲望、執着が一体化してくるため、人それぞれの個性が顕著になってくる。子供時代は普遍的な集合教育が可能であるが、長じれば、特定な訓練を除いて、自己啓発にまかせられるのはそのためである。

さて、社会的な競争意識が現れてくると、人は誰でも他人の求めるものを自分も欲するようになる。もちろん、人によって求めるものは異なるが、多くの人が求めるものは価値が高くなり、求める人の少ないものは価値が低くなるという社会的価値観が生まれてくる。それは、人によっても異なるし、時代によっても、国によっても異なる。

そうした社会的価値観の中で育った人間は、自然にそうした価値観を身につけ、そうした価値観の支配する競争社会に身を置くことになる。

人間は感覚に楽しみを与え、心を奪われるものを価値ありとして先を争って求めるのであるから、感覚作用が一番大きな働きをしている。そして物質現象界において、感覚作用に直接的な刺戟を与えるものは、ほとんどが世俗的なものであるから、人間は世俗的なものにどっぷりとつかって暮している。それは、誰でもがしていることだから、そうしたことをとりたてて意識する人間もいないほど普通一般のことである。

人間は他の人々と同じように教育を受け、それぞれの職業に就き、結婚をし家庭を持ち、そこそこの暮しをしている限り、自分が住んでいる世界に何の不思議も抱かないだろう。自分の両親も人並の生活に満足していたのだし、自分もそうした暮しの中で育ってきからである。

大概の人間は人並の生活に満足を見出し、何よりも生活の安定を望んでいる。そうした生活の中で、趣味や旅行などのちょっとした気晴らしができれば、それ以上に何を望むことがあるだろうか。それが中流の生活というものである。

それでも、人並の生活に欠けている人もいれば、人並の生活に満足できない人もいる。上を見ればキリがないから、そこそこでいいのではないかと考える。人間は自分の分をわきまえなければいけないとも考える。確固として揺るぎない世界における安定的な生活の中で、人々は年をとり、病気になり、死んでいく。それが人並の生活であり、世俗的な生活なのである。

世の中で出世や成功をした人は運に恵まれたのであり、家柄、性質、才能の何かによいものを持っていたからだ。努力は執着心の現れだろう。人並のことをしていたのでは、とても出世や成功はできるものではないからだ。

新聞やテレビを賑わすのは、社会的な軋轢がもたらす争いや事件である。そうした事柄は、社会の人々の底辺に澱のようにたまっていたものが、時折噴泉のように社会の表面に現れてくる現象である。

いじめによる子供の自殺、子供の親殺し、アルコール中毒者や薬物常習者の増加、放火や強姦の横行等、青少年の非行の増加ばかりでなく、失業したり、借金に追われた大人達が追いつめられるようにして犯した詐欺や強盗等、新聞種には事欠かない毎日の出来事である。

夕食の団らんのひとときに、そうした社会の出来事がひとしきり話題をさらうが、政争や芸能人のゴシップと同じように、たえず新しい事件が取り上げられて、いつしか人々から忘れられていく。人々は、したり顔に事件や政争やゴシップについて解説するが、すべては他人事の我関せぬことばかりである。

安定した生活を送っている人並の人々の眼には、全く特異な事件や争い事として映っているのだろう。しかし、青少年の非行は、その社会の反映であり、事件や争い事は、社会の鏡であることを人々は忘れている。安定した生活を支えている社会の底辺には、得体の知れない暗部が形成されていて、何かのきっかけで、ある事件や争い事として現象化してくるのだろう。子供たちが近所でも学校でも伸びのびと遊んでいた時代には、子供のいじめも非行も少なかった。子供の社会は大人の社会の反映であり、大人がいびつになれば、子供の世界も歪むのである。

社会の歪みの影響を受けるのは、社会的弱者である老人や青少年である。彼らは社会的な歪みのしわ寄せを受けて、老人は諦め顔で身の不幸を嘆き、青少年は誘蛾燈に誘われるようにして街に出て、虚しい反抗を繰り返す。

大人たちは、不幸な老人や非行少年にまゆをひそめるが、彼らが自分たちの生活の犠牲者であることを分かろうとはしない。それを突きつけたとしても、われわれの生活のどこが間違っているのかと彼らは異口同音に言うにちがいない。

人間が社会をつくり、社会的生活を営むことによって人間の生活が維持されているというのに、大概の人間は社会の恩恵を受けるよりも、搾取といえないまでも、得るよりも与えるものの方が多くなっているのかもしれない。それは、少数の一部の人間が資本や資産にものをいわせて、多くを取り、その他多勢の人々が毎日の生活を送ることにあくせくしていることで明らかだろう。

こうした不合理や不条理がいつの時代、どこの社会にも共通した人間の社会生活であってみれば、人間と社会とのかかわりが何かおかしいと思う奇妙な感覚は生活者の誰の胸にも宿っていることだろう。

3 身体的生活

人間にとって自分の身体は物質現象界を生きるうえでかけがえのないものである。

人間は小さな赤ん坊として生まれてくるが、成長するにつれて、立派な身体を持つようになる。ところが、生まれたばかりの赤ん坊の脳細胞は約１４０億個あるといわれているが、その脳細胞は赤ん坊がオギャアと生まれた瞬間から失われ始める。脳細胞が失われることは、老化を意味するから、人間の成長は脳の老化に他ならない。しかし、失われる脳細胞に比較して、元の脳細胞が格段に多いことと脳にも神経細胞が存在し、成人してからもこれが分裂して新細胞が作られるため、脳細胞が失われることは人間の生活には何の支障も生じないといわれている。しかし、人間の身体には生まれた時から成長と老化のメカニズムが組み込まれていて、いずれは身体の死に行き着くということである。

また、人間の身体には免疫機構があって、病原菌の感染から守られている。ところが、身体が老化すると、免疫機構が弱くなってきて、病原菌の感染を受けやすくなる。そのため、老人になると病気に罹りやすくなり、病気か老衰のいずれかで死んでいくことになる。

若くて元気なうちは、自分の身体のことをまるで考えないが、時間の経過と共に老いは確実に忍び寄る。

人間の身体はおおよそ１００年という生の限界にある。１００年を超えて生きる人間は稀である。そして、人間の身体は空間的には地球上の世界に限定されている。

人間は身体を持つ限り、時間と空間の限界の中に生きている。もちろん、人間は身体を離れて生きることが不可能であるから、この限界の壁を打ち破ることはできない。

人間の身体は、鳥のように自由に大空を飛べないし、獣のように地を速く走れないし、魚のように大海を泳ぎ回れない。その替りに、人間は飛行機や自動車や船を考案したが、自己の身体から離れられない以上、身体的条件には何の変化もなかった。

人間の周囲には広大な宇宙が拡がっているが、人間は時間的にも空間的にも非常に限定されたものの中に生きている。

ここで、地球という生物を育む星の条件を考えてみると、太陽からの熱と光を受けるのに適した距離に位置していたこと、空気と水があったことなどがある。したがって、人間は空気の層から一歩も外へ出ることができない。人間が地球外へ出たとしても、人間が住むのに適した星はどこにも発見されていないから、人工空間を作って住むより他にない。結局、未来にわたって人間が住むのは地球上しかないと考えられる。

人間は毎日あくせくしながら暮らした上で、短い生涯を終えて、物質現象界から去っていく。人間の身体は宇宙に存在する元素と同じものからできているから、物質から出て物質へ還っていくのだろう。

人間の身体は年齢によって異なるが、ほぼ60％から70％が水分である。そして地球の表面の４分の３は海である。人間の身体の水分の割合と地球の海面の割合がほとんど同じなのである。生命の誕生と死には、潮の満ち干が深く関係しているから、人間が地球を離れて住めるかどうかはこの点からも疑問が出てくる。

地球上には様々な生命体が存在するため、生物が存在することを何の不思議にも感じていないが、地球外の広大な宇宙には、生命体の存在する星は一つも発見されていない。地球は生命の存在する稀有な星であるが、地球外の宇宙は生命からみれば死の世界なのである。

人間は自己の身体面からも住んでいる地球という世界の面からも時間的空間的限定を受け、既に述べたように感覚作用という非常に制約された機能を働かせて生きている。

人間は生まれた時から身体を持ち、他の人間も動物も同じように生きているから、何の不思議も感じないが、よく考えてみると、人間の生活もその一生も、自分では自由に生きているように思ってはいても、実は非常に限定された不自由なものだということに気がつくだろう。

物質現象界に存在する生命体は、ことごとく物質的存在なのであるから、生命と身体を切り離して存在させることは物質現象界においては不可能である。もっともこの見解にしたところで、人間の感覚作用によってとらえられた世界のものであるから、人間の感覚作用によっては、生命現象を把握することはできても、生命そのものをとらえることはできない。

身体の死は生命現象が消滅したととらえることはできるが、生命そのものが消滅したかどうかは定かではない。身体が即生命であると結論づけることは早計である。身体的存在は生命現象であるが、生命そのものはとらえることができないからである。

人間の感覚作用は物質及び現象を把握することには適しているが、物質現象的なものを超えている生命そのものをとらえることはできない。したがって、人間の生は完全に身体と物質、その現象的な世界に限定されたものであり、そこから一歩も外に出ることができないということである。

人間の住む物質現象界が時間的にも空間的にも固定的なものであることは既に述べたが、人間は身体的存在であるため、地球の重力によって、地上に固定的に縛りつけられ、重力と空気の抵抗に逆らって、かろうじて運動を続けているといえなくもない。人間の運動は生命現象の顕在化であるが、地球の重力と空気のいずれがなくなっても、人間の身体は生きるのが難しくなるのだから、物事にはよいこともあれば悪いこともあるという二面性の根幹の現れなのだろう。

人間の身体が地球の条件に驚くほど適応したものであることは不思議としかいいようがない。これは、人間が地球上に生まれ、激しい生存競争に打ち克ってきたことの証しだろう。

人間にとっては、身体も地球もかけがえのないものである。しかし、人間はそこに生きる代償として、様々な制約を受け、多くの不自由を忍んでいる。

そうした身体について考えている心は、遠く離れた所に住む両親や友人の顔を瞬時に思い浮べて、心の中で会話を交わすことができるし、また両親と一緒に住していた昔のことやこれから一緒に住む未来の妻あるいは夫との生活について思い描くことができる。

身体は空間的にも時間的にも全く不自由な存在である。しかし、心は時間からも空間からも全く自由な存在なのである。ここから、外部と内部との不協和音が生じ、奇妙な感覚が生れてくる一因となっているのかもしれない。

4 世俗的生活

人間は自分の身体からも、時間的空間的制約からも逃れることができない。ところが、大概の人間は自分が置かれた制約や不自由について、少しも苦しいとか不自由だとか感じていないのが普通である。これがまさに感覚作用の働きであって、人間は自己の狭い感覚作用によってとらえられる物質現象界がすべてと感じ、それ以外のものを一切認めないからである。

こうした感覚作用の働きが人間の内部の自我、欲望、執着と結びつくと、人間は物質現象的対象に強くとらわれてしまい、増々そうしたものに心を奪われてしまう。

人間にとっては、物質現象界がすべてなのであるから、そこで生き、死んでいくのが人間だという観念が生まれる。それは誰でも共通に抱く普遍的観念であって、時たまそうした観念から逸脱した変り者が現れると、好奇の眼をもって眺められ、何を馬鹿なことを言うかと笑われるか、体よく追い払われるかするのが関の山である。

先ず、自我については、誰もが自分がなければ何もないと思っている。そして、自分の思い通りにすることがよいことだと思っている。謙遜や謙譲は美徳であるから示されなければならないのであって、すべては自分の美質を示すためである。思いやりや他を助けるのも、それが人間としての徳を示すものであるから行うのである。尊敬や自己犠牲にしても、自己がどこまでへりくだれ、自分を虚しゅうすることができるかを示すためである。

次に、欲望については、誰もが欲望の満足がよいことであり、不満足は悪いものだと思っている。そして、欲望が競争を生むことによって、人間の向上心を刺戟し、社会の発展をもたらしていると信じている。したがって、欲のない者は、自己向上意欲もないし、競争にも勝てないから、社会的貢献もできないし、社会的落後者になるといわれている。

第三に、執着については、誰もが執着心が努力を生み、物事を成就させると思っている。物事に対する執着心が強ければ、頑張りが生まれ、弱ければ、諦めが生じると信じている。そして、執着心の強い人間が力のある者であり、執着心の弱い人間が力の弱い者だといわれている。

そして、自我、欲望、執着の強さが、運を呼び、社会的成功や出世をもたらすというのが一般的な見方、考え方である。それは、実際世間一般にみられるところであるから、事実の前には反論の余地はないのである。

誰もがよきものと思う対象については、競争が起こり、得た者と得られなかった者との間に意識差が生まれ、家柄、階級、地位の上下、資産格差、果ては身分意識までができてくる。

物質的なものに対する様々な現象が、社会的価値観を生み、それが差別意識を作り出して、家柄、階級、身分というような社会的な形を固定化させようとする働きを生じさせる。その原因は、人間の自我、欲望、執着にある。

自分が自分がという自我意識が欲望を生み出し、その欲望が執着をつのらせる。そして執着が自我意識を拡げ、その自我意識が欲望をふくらませる。ふくらんだ欲望が執着を濃くし、濃厚な執着が自我意識を増々拡げるという相互に強め合う働きがある。このようにして自我、欲望、執着の強固なトライアングルが形成されている。

人間の自我、欲望、執着の強固なトライアングルが金銭や財産、地位や名誉、身体や評判といった物質的なものを価値観と差別意識によって固定化させようとする。
人間はたえず自己の欲するものを得、それを安定的に保持し、更に向上させていきたいという執着心を抱いているから、資産、家柄、階級、地位、名誉、身分といった社会的物質的な形に対する思い入れが殊のほか強い。

これが人間の世俗的生活であって、人間の出世と成功はすべてそこにあるといわれる。自由競争社会は、優勝劣敗の見方や考え方を生み、上へ行く者と落後する者を峻別し、一握りの勝者と大多数の敗者を作り出す。自由競争は大多数の人間を諦めさせ、体制に従順に従わせるために行われるといっても過言ではないのである。

自由競争に平等に参加させない社会では、人々の間に不満を蓄積させ、いずれ不満分子が様々な危険な活動を始めるだろう。

自由競争と参加の平等は、社会の活力と体制の安定を生む根源であり、そうした社会において、人々は自由と幸福を享受できる。たとえそれが大多数の人々の自由と幸福への幻想の上に成立した一握りの人々の自由と幸福であっても、自由競争と参加の平等が誰にも保証された開かれた社会である以上、文句を言う者は誰もいないだろう。勝った者は優れた者であり、敗けた者は劣った者であるからには、優れた者が劣った者を支配することは当然の帰結であるからである。

世俗的生活においては、自我、欲望、執着の強固なトライアングルの強い者が競争に勝ち、自由と幸福を享受している。それは、家柄、資質、幸運のいずれかに恵まれたからに他ならない。

世俗的生活を求める限り、得た者と得られなかった者、勝者と敗者、優れた者と劣った者、支配する者と支配される者という図式から逃れることはできない。そして、永久に勝ち続ける者はいないから、誰もがいずれ人生の悲哀を味わうことになる。どこまでも勝ち続けたとしても、いずれ人生の終りには、人はこの世から退場していかなければならないからである。

人生のいずれの時期に、こうした悲哀を感じるかは人それぞれである。どこまでも競争に勝ち続けて、人生の最後に悲哀と出会うのがよいのか、人生の早い時期に悟った方がよいのかも人それぞれであるだろう。

いずれにしても、人間は人生のいつの時期にか世俗的生活の限界に出会わなければならない。そして、そこに人生の悲哀を感じ、何事かを悟ったとしても、自分の生き方に疑問を抱いたり、そのことを深く考え始めたり、それを変えてみようとしたりすることは、非常に個人的な問題である。それが奇妙な感覚の出所の一つであることは故なしとしないのである。

本章の冒頭に述べた、「なぜ自分はここにいるのだろうか」という疑問と「われわれが住んでいる世界は何かおかしい」という奇妙な感覚は、人間の感覚作用の限界、身体的制約、社会的生活、世俗的生活等によって、抑圧されていて、そこに押し込められているというところからくるようである。しかし、そのことがわかっただけでも、これから先に考えを進めるための役には立ってくれそうである。

第1章

空相と実相

1 価値観と有用性

ある高名な天文学者が、「霊界も死後の世界も考えない」と書いていた。

有名な学者には、人間が物質的存在である以上、死は無に帰することだと言う人が多い。合理主義、科学主義を標榜する人のほとんどがこの考え方である。科学的に立証できないことを信じるのは非合理、非科学だというのである。

こうした考え方の人々をみていて気づくのは、自分の生き方、生涯、業績に関して、絶対的な自信を持っていることである。いわば出世者や成功者の自信と誇りというべきものだろう。したがって、自分の考え方が間違っていはしないだろうかなどとは夢にも思わないのだろう。

霊界も死後の世界も考えない多くの人々は、物質と現象の世界のみに生きてきたのである。広大な宇宙を目の前にすれば、それ以外の世界はとても考えられないからだろう。

この天文学者は、１３８億年前に宇宙ができたと述べていた。それでは、それ以前には何があったのだろうか。

空間と時間にとらわれている限り、空間における物質、時間における現象の観念から抜け出せないだろう。人間の寿命があまりにも短かすぎて、それ以上のことは考えられないのかもしれない。しかし、それではこの世限り、この世がすべてであって、それ以上は無に帰するのが当然の理論的帰結である。

名声や名誉、高い地位といったものは、金持ちと同じらしい。一度得たものには執着が伴うから、それを捨てるのは非常に難しいからである。

この世の名声や名誉、地位や富を捨てる位ならば、無になることの方がいいということなのだろう。古来、王候貴族は天国（パラダイス）を求めるよりも、この世の不老長寿の薬草を求めることに必死だった。あくまでも王候貴族や名士のままですべてを終りたいということなのだろう。

地位や名誉や富がそれほどいいものかと思うのは、持たざる者のひがみであろうが、地位や名誉や富について冷静に考えてみれば、何かおかしいという奇妙な感覚にとらわれることはさけられないところである。地位や名誉や富は、人間の観念が作り出したものであるから、誰もが価値があると思うから価値があるというように考えられる。これは、視点を変えれば、地位、名誉、富は虚構にすぎないということである。

価値観といったものは、まさに観念の上でのことである。したがって、それに価値を認めるかどうかは、その人間の国や人種や環境によっても、性別や年齢によっても変わるのであって、絶対不変の価値を持つものなどほとんどなきに等しい。

あるのは対象に対する人間の欲望と執着であって、それは価値観に基づいている。しかし、ものの本質はその有用性にあって、そのことが理解されないために、ものの価値が優先されて、人間が欲望と執着によって振り回されてしまうような事態が生じる。

ものの有用性とは、他の役に立つものということである。例えば、地位は役割であって、社長には社長の役割があり、課長には課長の役割があり、技術者には技術者の役割があるということである。

社長がその役割をはたし、課長がその役割をはたし、技術者がその役割をはたすところに、会社の組織がよく機能していくのである。技術者が社長の役割をはたそうとしても、技術を知らない社長が技術者の役割をはたそうとしてもうまくいかないだろう。もち屋はもち屋なのである。

　また、それぞれの財は、ものの役に立つ経済的手段としての有用性を持っているが、それに価値づけをして、取引の対象とするのは、あくまで経済上の事柄である。商取引には、損得が伴い、それによって経済的取引が成り立っているのであるから、それにのめり込んで、振り回されるかどうかは、人間の心の問題なのである。

　すべてのものは、用として存在しているのだが、それに価値づけをして、争い求めているのは、人間の自我、欲望、執着の強固なトライアングルのためなのである。

　根本にあるのは、人間の支配欲、権力欲であって、価値あるものを所有していれば、それによって、他者を支配できるからである。封建体制は、そうして支配され、維持されてきたのである。

　専制主義も共産主義も民主主義も、支配体制が異なるだけであって、支配する側と支配される側が存在する以上、そこに搾取が行われ、権力の集中構造が形成される。

　例えば、ロシアはツァーによる帝政からロシア革命を経て社会主義国家となり、それが崩壊して大統領共和制となったが、その間一貫して支配階層が変らなかったという指摘も行われている。公職追放が行われない限り、支配階層は巧みに生き延びてしまうのである。

　政治制度や社会制度がどうであったとしても、社会と人間との関係は変らないのであって、その中でどのように生きていくかは、人間一人ひとりの問題なのである。

　どのような制度やどのような社会であったとしても、誰もが欲するよきものがあり、人々が争ってでも求めるものがある。そうしたものに心が動かされるのは人の常であるが、それにどのように対応するのかはあくまで個人の問題である。

ただいえることは、そうした外部の物質的現象的なものに対して、どのように受けとめ、対応するかは、人間の本質的な問題だということである。

世の人々がそのようにし、自分もそう思っているから、それでいいとしたところで、現象的なものと本質的なものとを取り違えてしまっては、とんでもない間違いを犯していることになる。それが人間の価値観とものの用であり、物質現象的なものと人間の心の問題である。前者が現象的なものであり、後者が本質的なものである。

2 人間の目的と役割

一般的には、学者だから何でも知っているだろうとか、知識人だから普通の人が知らないことを知っているにちがいないと思われがちである。しかし、学者でも知識人でも、知っているのは、その人の専門分野であって、人生とは何かとか、人は如何に生きるべきかということについては、かならずしも明確な答えを持っているわけではない。

そうしたことについては、学問のないような人々の方がむしろ鋭い判断力を持っていて、人生上の悩みや生き方については、大家のおじさんや近所のおばさんに相談した方が、ずっと適確なアドバイスが受けられたりするものである。

人間は、死ぬ時になってみなければ、自分の人生がどうであったかということはわからないといわれている。

その場合は、問題は人が何をなしたかということと人が如何に生きたかということがある。人が何をなしたかということは、生活や業務における実績である。例えば、何人の子供を生み、育て、その子が一流会社の部長になったとか、大きな商店に嫁に行ったとかいうことである。また、務め先や事業において、どういう業績を上げ、どのような評価を受けたかということである。

それに対して、人が如何に生きたかということは、どういう信念を持ち、どういう目的に向って、どのように生きたのかということである。

人間が社会的に評価されるのは、生活や業務における目的と実績である。それは、どれほどの財産があるかとか、社会的にどういう地位にあるかとか、どのような名誉を受けたとかが外部的にはっきりわかるからである。ところが、人間が如何に生きたとかというような人間の内部的な目的や実績については、人間の個人的生活にかかわることであるから、外部的には何もわからないため、よほど親しい間柄の人たちでないと評価が行われないのが普通である。

そうした事情にあることと地位や名誉や財産が誰もが欲するものであるため、どうしても人間の外部的な目的や実績が評価され、人間の内部的な目的や実績が注目されることがない。

例えば、或る人の葬儀に列席すると、そこでひとくさりその人がどういう地位に就き、どれほどの業績を挙げて、どのような名誉を受けたかが語られる。

その後で、親しい者たちが集まって、故人の人柄やエピソードなどが話題になる。例えは、短気な性格だったとか、好き者だったとか、他人の面倒見がよかったとか、その人の内部的な性格や好みが語られる。そのどちらもが本当のその人である。

人間は誰でも目的を持っている。目的とは、その人が一番愛しているものである。

地位や名誉に愛着を持っている人は、出世をして、組織の上層部までいってみたいと秘かに考えていることだろう。

金銭に愛着のある人は、金を増やすことに強い関心を抱いている。また、事業家を目指す人は、事業を起して、成功することに情熱を傾けている。芸術に愛着のある人は芸術家になろうとする。

綺麗な家に住み、そこをいつも整えておくことに喜びを見出す人もいる。子供を生んで、育てることに大きな喜びを感じる人もいる。

医師や看護師になって、人間を救う仕事がしたいと思っている人もいる。ボランティア活動に生き甲斐を見出している人もいる。

こうした人間の愛の目的には、人が如何に生きたかがかかわっている。

今ここに人が生きる目的とするものをいくつかあげてみたが、この他にも人それぞれの目的がある。こうした目的をみていくと、ほとんどが人間の外部的な目的である。

外部的な目的というのは、外部世界に自己を実現しようとする目的である。そうした目的には、役割が伴うということである。或る目的を達成するためには、その役割をはたしていかなければならない。

例えば、会社の課長になって、課長職を維持し、やがては部長に昇進していくという目的を達成するためには、課長としての役割を十全にはたす必要がある。もし、病気になったりして、課長としての役割がはたせなくなれば、そのポストからはずされることは必定であるだろう。

目的と役割は不可分の関係にあって、目的だけ、役割だけというものはないのである。役割をはたしていれば、かならず何らかの目的が達成されるということである。この人間の役割が、人間が内部的にはたすべきものなのである。

人間の役割については、生活や業務において、人にはそれぞれの分野ではたすべき役割があるということである。

家庭においても、職場においても、それぞれの人が与えられた役割をはたすことによって、家庭や職場が維持され、機能していくのである。もし主婦が家事や育事をないがしろにしたり、それぞれのポストで担当者がなすべき仕事をなさなかったりすれば、家庭も職場も立ち行かなくなる。

このようにみれば、人がそれぞれの役割をはたすことが第一であって、それが外部にどのように評価されるかは二次的なものであることがわかる。外部的な評価は個人的な問題であって、いくら他から高い評価を受けても、胸の勲章と同様に、人間にとっては外部的なものにすぎないからである。これは、作業服と夜会服の違いであって、一方が安価で、他方が高価であったとしても、単なる用途の別にすぎなくて、後は人間の価値観の問題なのである。人間の価値観は、人間の自我、欲望、執着の強固なトライアングルに基づいている。

そうした価値観を離れて、それらの対象をみれば、何をつけようが、何を着ようが、大事なものは人間の中身だということに気づくのである。

3 外部的なものと内部的なもの

人が何をなしたかについては、人間の外部的なものである業績と功績と内部的なものである役割をはたしたかどうかということがある。

人が如何に生きたかについては、人間の外部的な目的と内部的な目的がかかわっている。

人間の外部的なものは、眼に見える形で人間の感覚作用によってとらえることができるが、人間の内部的なものは、眼に見える形を持たないため、人間の感覚作用ではとらえることができないものである。

また、外部的なものは、人間の感覚作用でとらえられるものであるため、自我、欲望、執着の強固なトライアングルの対象とされるが、内部的なものは、人間の感覚作用ではとらえられないため、自我、欲望、執着の強固なトライアングルの対象とはされないという違いがある。したがって、人間の価値観の対象とされるものは外部的なものであって、そうした意味で内部的なものがかえりみられることはない。

人間の価値観からみれば、人が何をなしたかについては、どういう地位についたのか、どのような名誉を受けたのか、どれほどの富を得たのかという外部的な価値が問題にされる。また、どれほどの実績を残したのか、どれだけの業績を挙げたのか、どのような功績をもたらしたのかという外部的な価値が問題にされる。

こうしたことをみればわかるとおり、外部的な目的には外部的な評価が伴っている。

外部的な事柄においては、目的と役割の関係は、目的と評価の関係となって現われる。例えば、課長職の例でいえば、課長職の役割をはたしていることが上司なり、周囲によって評価されなければ、ポストの維持や昇進といった目的が達成できないということである。これは、目的が地位や富といった外部的なものであれば、それに伴うものは、評価という眼に見えるような形で行われるからである。

ここで、もう一つ重要なことは、評価というものは、あくまで上司や世間といった他によって行われるという点にある。いくら自画自賛したところで、誰にも相手にされなければ、それで終りである。

ここで一番問題になるのは、外部的な評価が人間によって行われるため、かならずしも適切に行われないということである。

人間がすることだから間違いもあるだろうし、そこに好悪などの感情も入るだろうし、評価の対象が自らを上手に偽っている場合もあるだろう。

あの人には騙されたとか、あんな人とは思わなかったとか、まさかあの人がということをよく聞くことがある。また、人の評判は当てにならないとか、聞くと見るとは大違いとか、とんだ食わせものとかという物言いもよくされる。

さすがに会社や役所などの組織においては、すべてが内聞にされているが、世間一般では、人を騙すのも芸の内とか、騙す方よりも騙される方が悪いとか、人を騙すよりも騙される者になれとかよく言われるから、評価や評判というものは、何かにつけて難しいものであることは確かなようである。

そうした評価や評判によって、人間の外部的な位置づけや意味づけが行われているのだから、人間の出世や成功に関しては、運・不運がかならず云々されることになるのだろう。したがって、外部的なものは、人間の感覚作用でとらえられるため、誰の眼にもはっきりしているようでいて、実は、非常にとらえどころのない曖昧模糊としたところがあるものなのである。しかし、会社や役所では、任用や昇進に当たっては、きちんと人物評価を行わなければならないため、テストや面接という技法が開発されている。しかし、これも又人間の行うものであるから、条件を平等にすることが難しいし、内申等において情実や圧力の介入する余地もある。

これに対して、人が如何に生きてきたかは、どういう信念を持ち、どういう目的に向って、どのように生きてきたかという内部的な生き方が問われることになる。それでは、内部的な目的は何かということになる。人間の内部的な目的は自己の浄化向上である。これは、内部的な目的である役割をはたすことによって達成される。ところが、自己の浄化向上も役割をはたしているかどうかも、内部的なものであるため、他からはあまり知られないということである。そのために、人間の内部的なものについては、ほとんど知られていないのが実情である。

「1　価値観と有用性」において、ものの有用性について述べたが、人間の内部的なものについては、用という観点から考える必要がある。

ものにはすべて用としての役割がある。それがものの有用性である。他の役に立たないものは無用なものである。

家庭、職場、社会、国家はすべて用によって成立している。人間の組織や体系は、すべてそれぞれの役割を持った人が、その役割を適確にはたしていくところに、機能し、維持され、発展していくのである。

4　虚構性と有用性

外部的なものと内部的なものについて述べたが、外部は、人間の感覚作用でとらえることのできる物質現象の世界であり、内部は、人間の感覚作用ではとらえることのできない世界である。したがって、人間の目的あるいは愛は、感覚作用でとらえられる外部世界へ向けられていて、よほど変った人でない限り、それらが自己の内部世界へ向けられているということはないだろう。

人は誰でも外部世界に自己を実現しようとして、そこに目的あるいは愛を抱き、その実現に向けて努力をしているわけである。ところが、外部世界は誰でも受け入れてくれるものでもないし、あるいはそこで成功をおさめたり、出世をしたとしても、かならずしも人間の幸福にはつながらない。

ノーベル平和賞を受賞した故佐藤栄作総理大臣は、自宅にいる時には独り部屋にこもってトランプをすることを好んだそうだが、彼は晩年「私は頂上を極めたが、それにしても何か虚しい」とふと洩らしたことがあったそうである。

一国のトップとなり、外交活動で世界的な評価を受け、最高の名誉を受けた人が、そのことを何か虚しいというのであれば、地位や名誉は、人々が考えるほど豊穣なものでも心の支えになるものでもないということだろう。

アメリカン・ドリームといえば億万長者になることであるが、その最良の方法の一つに事業の株式公開が挙げられる。ソフトウェア会社の社長が30代の若さで数千億円の資産家になったという話題が新聞紙上を賑わせていたりする。

これは、株式公開で数千億円の創業者利益を手にした社長さんの話である。

金ができるとまず誰でも考えるのが女遊びである。銀座で夜な夜な豪遊し、道楽が高じてクラブ経営にまで乗り出したが、毎日となるといくら美人が好きでも飽きがくる。

ヨットも買ったし、ゴルフ場のオーナーにもなったが、遊びに行く暇がない。金もうけとか財産というのは30億円位までのことで、それ以上の資産になると、金に対する有難みがなくなって、感激がなくなるそうである。

どんなに贅沢をし、豪華な暮しをしていても、「こんなことしてても虚しいんだよ」という気持なんだそうである。

人間の幸福は地位、名誉、富といった外部的に価値ありとされるものとは別のところにあるのかもしれない。

人が誰でも自分が一番よいと思ったことをしている。しかし、それが一番よいと思っても、様々な条件があってなかなかできないこともあるから、自己の条件の許すかぎりもっともよいと思ったことをしている。ところが、人間がよいと思うことは、ほとんどが外部的なことばかりである。

ああしたい、こうしたい、あれが欲しい、これが欲しい、あそこへ行きたい、ここへ行きたい。すべて、自我、欲望、執着の強固なトライアングルに基づく外部世界に対する意志や行為は、それが実現された時には、満足を得ることができるが、そうした満足は長く続かず、しばらくたてば忘れられてしまう。そうすると、再び新しい欲望が生まれてきて、それにとらわれることになる。

自我、欲望、執着の強固なトライアングルにとらわれている限り、こうした欲望の拡大再生産から抜け出すことができなくなる。

自我、欲望、執着の強固なトライアングルに基づく意志や行為の行き着く先は虚しさだけなのである。

なぜ虚しいかというと、自我、欲望、執着の強固なトライアングルの対象としているものがすべて虚しいものだからだ。虚しいものをいくら得たとしても、虚しさしか残らないのは当然の帰結である。外部世界に存在する物質的なものや現象的なものは、すべて虚しいものなのである。

中国の天台宗の開祖である天台智顗《てんだいちぎ》に、「空《くう》・仮《け》・中《ちゅう》」という有名な言葉がある。空諦、仮諦、中諦といわれるものである。諦《たい》は真理を意味している。

空諦とは、あらゆるものは空なる在り方をしているというのが真理である。

仮諦とは、あらゆるものは縁起によって仮に存在しているというのが真理である。

中諦とは、あらゆるものは空・仮を超越した中道にあるというのが真理である。

これをまとめると、無相である空諦と有相である仮諦と超越した中諦、即ち中道に宗教的な立場があるということである。

中道とは、仏教の開祖釈尊の説いた法の道であり、それを認識し、実践することが大切なのである（四諦・八正道については、第5章に後述する）。

仏教では、「色性自空」といっている。

色とは、身体と物質などの外部的存在である。したがって、人間の目的あるいは愛が、自己のためであったり、世俗のものへ向けられていれば、結局虚しさに至らざるを得ないというのである。

それでは、そういう虚しいものがなぜ存在しているのかという疑問が湧いてくるだろう。

この章の「1　価値観と有用性」に述べたように、地位、名誉、富といった物質的なものは、人間の観念がつくり出した虚構にすぎない。物質的なものが価値を持ったり、持たなかったりするのは、すべて人間の観念の上でのことなのである。しかし、そうしたものに有用性があるために、存在意義がある。

ものは有用性としての存在意義をもって、そこにあるが、それが美しいとか価値があるとか決めているのは、人間の観念の働きなのである。

例えば、金銭は人間が経済的生活を営む上での貨幣価値を持ち、流通経済を支える手段としての有用性がある。金銭が法貨の役割をはたせるのは、すべての人がそれに価値があると信じているからである。金銭は、人間の観念がつくり出している虚構にすぎないが、そこには共通の貨幣を持つことの有用性があるからである。ところが、人間は経済的手段である金銭を目的化することによって、新しい価値観を付与して、それに欲望と執着を抱いている。

人間の観念上の事柄にすぎない虚構物に自我、欲望、執着の強固なトライアングルがとらわれていれば、虚しさに至るしかない。虚しさは、ものの方ばかりでなく、それにとらわれている人間の心の在り方にもあるからだ。

仏教がものの空しさを説いたのは、ものに対して人間が欲望と執着にとらわれることの愚を諭したのである。ものの本質がその虚構性と有用性にあるとすれば、ものには人間が観念の上で価値ありとするような価値はなく、本質的には空性にあるといっているのである。

ものの空性を悟り、「少欲知足」の生活をしなさいと仏教では説いている。

少欲知足とは、足ることを知り、欲の少ない生活をすることである。

この世とこの世のものは虚しいものであるけれど、中道を実践しなさいというのは、簡単にいえば、少欲知足の生活を実践することなのである。

少欲知足の生活を実践することによって、ものに対する自我、欲望、執着の強固なトライアングルを抑制することができるようになれば、ものは、ものの本質の相をもってそこにあり、用としての働きをもつことを知ることができる。

ものに価値ありとして、ものに対して自我、欲望、執着の強固なトライアングルがとらわれているから、ものは虚しいものとなる。ところが、ものの空しさを知って、それに対して自我、欲望、執着の強固なトライアングルがとらわれなければ、ものは人間にとって十分役立つものとしてあることを知ることができる。

ものに価値ありとして、ものに対して自我、欲望、執着の強固なトライアングルがとらわれている限り、ものの空相に出会わざるを得ない。しかし、ものの空相を知って、ものに対する自我、欲望、執着の強固なトライアングルを離れれば、ものはその空相を現わすということなのである。

ものの空相がその虚構性であり、ものの実相がその有用性である。ものは変らずにそこにあるが、ものをどうみるかは、すべて人間の心の在り方にかかっているのである。

5 空を観じる知恵

この世には、絶対・不変のものはなく、すべてが相対・変化のうちにある。

善と悪、愛と憎、美と醜、自由と束縛、幸福と不幸というように、すべてのものが絶対ではなく、相対の関係にある。

そして、それらは不変ではなく、変化する。善は悪に、愛は憎しみに、美は醜くさに、自由は束縛に、幸福は不幸に変り得るものである。もちろん、その反対にも変化する。絶対ということはないからである。

すべてのものは、現在において、そのような在り方をしているのであって、永遠でも不滅でもない。

この世のものは空なるものである。

人間は空なるものを絶対・不変のものとして、自我、欲望、執着の強固なトライアングルにとらわれるから、苦しむ。人間の苦しみの原因を探ぐれば、すべてそこに行き着く。しかし、この理《ことわり》を知ったところで、苦しみを滅することは容易ではない。人間の自我、欲望、執着の強固なトライアングルほど根深く強大なものはないからである。

般若心経という経がある。

最初に「摩《ま》訶《か》般《はん》若《にゃ》波《は》羅《ら》密《みっ》多《た》心《しん》経《ぎょう》」とある。

「摩訶」は古代インド語のマハーの音写であり、大きい、多い、すぐれている、という意味である。

「般若」はパンテャの音写であり、知恵を意味する。普通の知恵ではなく、悟りの知恵である。

「波羅密多」は、パーラミターの音写である。現実界の此岸から仏の世界の彼岸へ行き着くという意味である。

「心経」というのは、人間の心の在り方を説く経典という意味である。したがって、「摩訶般若波羅密多心経」は、人間が此岸から彼岸へ到達するためにすぐれた知恵を得るための心の在り方を説く経典ということになる。

その中に次のような有名な一説がある。

「色不異空、空不異色、色即是空、空即是色、受想行識亦《やく》復《ぶ》如《にょ》是《うぜい》」

これを読みくだすと、「色は空に異《こと》ならず、空は色に異ならず、色は即ちこれ空なり、空は即ちこれ色なり、受想行識も亦《ま》た復《ま》た是《かく》の如《ごと》し」

「色」とは、五官によって認識される存在物であり、外界にある一切のもののことである。

「空」とは、有（存在）の反対語であり、無の意味である。そこから、五官によって認識されないものということになる。

次に「受想行識」という言葉が出てくる。「受」とは、感覚、知覚などによる感受作用である。いわば、苦楽、好悪などの感受作用のことである。

「想」とは、対象を心に思い浮べることであり、表象作用とか概念構成とかいわれている。

「行」とは、対象を心の中に形づくる形成作用である。

「識」とは、分別、判断、認識等の認識作用である。

「受想行識」は、人間の内界における心作用である。

対象に対する感受作用があると、心の中に表象作用が起こり、それに対する思いが形成され、認識作用が行われるというのである。

例えば、外部世界に美しい人を見ると、その人（対象）に対する好悪の感受作用が起こり、その人のイメージが表象され、心の中にその思いが形成され、その人に対する分別・判断等が行われる。

ところが、「般若心経」では、色も空ならば、受想行識もまた空だといっている。

外界の対象である美しい人も空であれば、それに対して生じた内界の心作用も空なるものだといっている。

これを「五蘊皆空《ごうんかいくう》」という。蘊は集まりの意味であって、心と身体の集まりである。色、受、想、行、識の集まりが五蘊である。

五蘊がすべて空であるのは、前項でも述べたように、自我、欲望、執着の強固なトライアングルに基づいた心作用はものの空相に出会わざるを得ないからである。対象が空ならば、それに対して生起した心作用も又空なるものである。と般若心経はいっている。しかし、ものの空相を知って、ものに対する自我、欲望、執着の強固なトライアングルを離れれば、ものはその実相を現わす。この世のものは、空・仮の空相、仮相にあるが、中道を認識し、実践することは実相にあるからである。

ものの空相がその虚構性であり、ものの空相がその有用性である。ものは、価値ありとして追い求めれば空しいものであるが、しかし、ものは他の役に立てればその空相を現わす。ものを価値ありとして追い求める人間の心は空しいものであるが、しかし、ものを用として役立て、そのことによって役割をはたしていく人間の心は真実なのである。

「般若心経」では、「色則是空」といい、それを引っくり返して、「空則是色」といっている。これは受想行識も同じである。

「色則是空」、色は空であるというのは、空観といって、凡夫《ぼんぷ》の境地ではなく、悟りを開いた人の到達した涅槃寂静の境地である。

涅槃とは、ニルヴァーナといい、吹き消すというのが原語の意味であり、煩悩を消滅した清らかな心の状態である。

煩悩は、自我、欲望、執着の強固なトライアングルに満ちた心に生じてくる貪《とん》（むさぼり）、瞋《しん》（いかり）、痴《ち》（おろかさ、無明）等の妄念である。

煩悩を滅して、涅槃寂静に至れば、心は融通無碍《ゆうづうむげ》の自由自在の境地になる。それは心が空になることであるから、「空即是色」、空なるままに色があると感じられるようになる。
「摩訶般若波羅密多心経」を修することによって、空観を得ることができ、心は融通無碍の自由自在の境地に至る。それが深遠な知恵の完成である。

6 存在の空相と縁起の実相

凡夫であるわれわれ人間は、「摩訶般若波羅密多心経」を唱えたところで、煩悩を滅して、仏陀のような涅槃寂静の境地へ至ることができないかもしれない。しかし、この心経に書かれたわれわれ人間が住むところの物質現象界は本質的に空なるものであること、又それを見ているわれわれ人間の身体も心作用も空なるものであるということは、よく考えてみなければならないことである。それは、この心経がわれわれの自我、欲望、執着の強固なトライアングルに傾いた心の在り方が、われわれの住む世界に対する誤った観念を生み出し、そのことによって、われわれの生き方が釈尊の説く中道をはずれたものになっているといっているからである。

前項に述べたように、人間の心には三毒煩悩がある。貧《とん》・瞋《しん》・痴《ち》の三毒は貧欲《とんよく》、瞋恚《しんい》、愚痴《ぐち》の三種の煩悩である。

貧欲はむさぼりの心、瞋恚はいかりの心、愚痴はおろかさの心である。煩悩の働きの原因は、愚痴の心にあって、他の二つはそこから派生してくるとみられる。

愚痴は仏教では無明という。

十二支の縁起は次のとおりである。

無明―行―識―名色―六処―触―受―愛―取―有―生―老死

なお、縁起の理法については、第４章に後述する。

釈尊は成道して「縁起の理法」を説いた。縁起の第一は無明であって、無明によって、様々な心作用と感受作用が生じてくる。心作用と感受作用によって、愛と取が生じてきて、有と生《しょう》にあるため、老死が苦となるというものである。

このうち愛は渇愛と訳され、渇いた者が水を求めるような激しい欲望をいう。また、取は取著であり、濃厚な執着心のことである。

簡単にいえば、無明（根本的無知）が心の中に自我、欲望、執着の強固なトライアングルをつくり出し、それに基づいて様々な煩悩が生み出されるため、苦のままに老いて死ぬことになるということである。

縁起の理法は、無明による心作用、欲望と執着による有（存在）などの誤った観念や行為が老死を苦のままにもたらさせているといっている。

それに対して、「般若心経」は、人間の住む物質現象界も人間の身体も心作用もすべて空なるものであるといっている。したがって、われわれ人間が「空観」を得れば、無明を解いて、その心作用を滅して、苦を離れ、涅槃寂静の境地へ至ることができるというのである。

生老病死による苦しみも煩悩による苦しみも、すべてわれわれ人間のおろかな心に基づく無明によるものである。

自己自身の無明（根本的無知）に気づき、自我、欲望、執着の強固なトライアングルを抑制して、ものをあるがままに観ずれば、自己自身の存在（有）を含めたあらゆるものが空なる在り方をしていて、すべてが縁起の働きのうちにあるということである。

縁起とは、「縁《よ》りて起こること」であって、この世のあらゆる存在の実相を言い現したものであって、因縁生起、因縁所生ともいわれる。

自分が、自分がという自我意識、何でもほしがるとめどのない欲望、何が何でもという執着心、それによって形成される強固なトライアングル、外部の対象に刺戟されて生じてくるありとあらゆる煩悩、そして生老病死の苦しみ、それらは無明にはじまるものである。この理《ことわり》を知れば、物質現象界のあらゆるものが空なのであるから、すべては人間の心の在り方に帰着する。

仏教は人間における心の在り方が如何なるものであらねばならないのかを説いたものなのである。そして、そうした認識を得たならば、すぐそれを実践に移さなければならない。仏教はすぐれて実践の教えであるからである。

いくら高踏な認識を得たとしても、それを実践しなければ、宝の持ち腐れになる。学問のある人たちよりも、無学の人々の中にすぐれた実践家が多いのをみれば、すべてが明らかであるだろう。

われわれが知らなければならないのは、ものの空相と実相であって、仏教がすべてそれを教えている。無明の闇を破って、自らのうちにある空を悟らなければ、ものの空相も実相も観ずることはできないだろう。そのためには、自らのうちの自我、欲望、執着の強固なトライアングルに基づく様々な煩悩による苦しみと生老病死の苦しみを実体験して、法の真理に目覚めなければならない。自らの認識と実践によらなければ、法の真理を受持することができないからである。

高度に発達した文明社会において、教育程度の高さや工業生産量の膨大さや流通経済の効率性や瞬時に飛び交う情報の多彩さを誇り、他に何があるんだとうそぶいたとしても、人間そのものは、仏教が説かれた2、600年前と少しも変っていないという現実がある。

仏教は古臭いもの、抹香臭いものとして否定したところで、人間自体は何も変らない。文明の進歩に比べて、むしろ人間は文明の進歩にまぎれて、人間自身が進歩したと長い間錯覚していたのではないだろうか。そして、人間はあまりに長い間外部の著しい進歩に眼を奪われて、自らの内なる進歩にまるで気づいていなかったといえるのではないだろうか。

眼もあやな外部世界のあらゆる存在が、仏教にいわすれば、すべて空なるものなのである。そう言われても、何も感じるところがないとすれば、心は自我、欲望、執着の強固なトライアングルに組み敷かれ、感覚作用は鈍り、身も心も虚ろなものになってしまっているからだろう。

空相の何たるかを知れば、実相の何たるかは、自ずと理解することができる。存在の空相と縁起の実相は、車の両輪のようなものである。仏教は、空相と実相を合わせて説くところに、その思想の深遠さがうかがわれるのである。

第2章

用と人間の心

1 用と人生期

誰でも若い頃には将来に対する様々な夢や希望を持っている。そして、夢や希望の実現に向って努力する人もいる。何となく夢や希望を持っているだけで、両親を始めとする周囲の期待に押し流されていく人もいる。また、夢や希望はあくまで夢や希望として持ちながら、現実的に地道に対応していこうとする人もいる。世は様々なのである。ところが、中年になると、夢や希望がかなえられた人もいれば、そこそこのところで我慢して、とっくに夢や希望のことなど忘れてしまっている人もいれば、夢や希望が無残に破れて、不遇の身をかこつ人もいる。

これ又、世は様々なのである。しかし、夢や希望がかなったと思っている人でも、自分の人生はこの程度なのかと思っている人もいれば、そこそこの生活をしながら、人生なんてこんなものさと思っている人もいる。

また、かなえられたと思った夢や希望が破れて、なんていう人生だと嘆いている人もいる。

自分の描いた夢や希望と現実とが一致しても、しなくても、あるいは出世や成功ができたとしても、できなかったとしても、前章でも述べたように、われわれ人間が外部的物質的なものを求めている限り、虚しさに出会わざるを得ない。それは、外部世界における事柄はあくまで現実的なものであって、本質的なものはすべてものの用であるからである。

人にはそれぞれの用があって、その用をはたすことが何よりも大切なのである。用をはたさない人間は、役立たずであって、誰からも相手にされなくなる。人間は自分の用である役割を着実にはたしていくことによって、自己を向上させていくことができるからである。したがって、外部世界に求めてばかりいないで、自分の有用性は何か、如何に用をはたしていくかを考えていかなければならない。

用は、青少年期、壮年期、老年期とそれぞれ異なる。

青少年期には、遊びが子供の用であり、教育を受けることが用になる。

子供にとっては、遊びが生活であり、遊びを通して様々なことを学ぶことができる。

子供は、幼いうちは保護者のそばにいて、家の中で遊んでいるが、成長するにしたがい、外遊びをするようになる。

兄弟姉妹ができると、おとなしく遊んでばかりいることはなく、時にはけんかもする。子供は兄弟げんかを通じて、自他の相違、人間関係を学んでいく。それは、近所の友達との遊びでも同じである。

年齢の違いによって、年上の子供との接触の仕方、年下の子供の面倒のみかた、その他様々な社会性について学んでいく。

特に子供は、身体を使った遊びを通して、身体の使い方ばかりでなく、精神的成長を育むことができる。

人間は、身心が一体であるから、身体を使った遊びをすることによって、身体能力ばかりでなく、精神が活性化され、身心共に成長していくからである。

又、子供は様々な遊びを通して、新しい発見や情報に出会い、創意工夫をすることを学んでいくことができる。人間の創造力は、子供時代の遊びを通してつちかわれるといえる。

教育が青少年の用であることは言をまたないだろう。学校教育と共に、家庭教育や道徳教育も必要である。

しかし、教育が大切だとしても、一生楽をして高給を取るためには、一流大学を出なければならないというので、小学校から詰め込み教育を行い、受験勉強のために塾通いばかりしていると、その希望通りに進めたとしても、自分で考えて、自分で学び、自分で創造するというクリエイティブな仕事ができる人間になることができない。

こういう遊びを知らない、頭でっかちの人間ばかりが社会の主要ポストを占めるようになると、平時には問題が現れないが、危機的状況においてほとんど対応能力を失ってしまうことは震災や経済不況における対応のまずさから多くの困難がもたらされ、回復の大幅な遅れを招いたことが示しているとおりである。

壮年期の用は、結婚をして、家庭をつくり、子供を育てると共に、社会的には、職業を持って働くことである。

壮年期の用については、「第1章　3　外部的なものと内部的なもの」に述べたことがそのまま当てはまる。男性でも女性でも壮年期の用が終ったところで、はてこれから何をしようかと思い途惑うことになるようである。

ここからが老年期の用なのである。

老年期は、壮年期の家庭的な用や社会的な用から解放されて、本当に自分の好きなことや今までは忙しくてできなかった自分の本当にしたいことができる時である。

人間は、青少年期、壮年期を通して、社会的なものや道徳的なものを学んでいく。そして、老年期に至ると、趣味的に生きる人もいるが、壮年期の過し方がそのまま現れてくる。例えば、壮年期の身体の無理が老年期に病気をもたらすこともあるし、壮年期に努力したことが老年期に実を結ぶこともある。老年期は、いわば人生の決算期でもあるし、収穫期でもある。

青少年期には、前世のものが残照のように反映していて、彼らはそうした影響のもとに成長していくのである。そうでなくて、どうして子供によってあれほどまでに素質や才能などの持って生まれたものが異なるかは説明がつかない。子供の素質や才能が親からの遺伝を超えていることはいくらでも例がある。天才といわれる人たちの親が、天才でなかったことは誰もが知っていることである。

壮年期には、今世のものが現れてくることは当然のことである。壮年期には、誰でも今世を生きるのである。それが今世の用であるからだ。

老年期は、本来的には青少年期の用からも壮年期の用からも解放されて、自由に自分のしたいことができる時期である。これが未来の自分の姿なのである。老年期は、いわば未来の先取りなのだろう。

老年期には、趣味に生きる人もいれば、孫の世話に明け暮れる人もいれば、ボランティア活動や社会的活動に精を出す人もいる。また、今までできなかったことをあらためて勉強する人もいれば、世界中を旅して歩く人もいれば、信仰に生きる人もいる。

老年期には、そうした時期でなければできない用があって、いたずらに壮年期の用にしがみついて、後進に道をゆずることなく、老害を社会にさらすことは決してよいことではないだろう。

老年期に静かな暮らしをすれば静かな世界へ入っていけるし、無償の行為を実践すればそうした世界へ入っていくし、自我、欲望、執着の強固なトライアングルにとらわれていれば、そのような世界へ行ってしまう。

人間は求めるものを得るのであって、その生活のままに来世があるとみられる。今世であろうと、来世であろうと、現在の生活が自分の心によってつくり出されたものである以上、それ以外の状態というのはつくり出されようがないからである。人間は未来においても、現在のあるがままのものなのである。人間は現在の業において、未来の状態を選択しているからである。

2 用と自己

人間には、青少年期、壮年期、老年期のそれぞれの時代にしなければならないことがあって、それがその時代の用である。その時そのことをしておかないと、後になってするとなると、負担の大きさに比べて、成果が小さくなることはやむを得ないだろう。それは、若い時に大学を出ていなかったから、老年になって大学へ入って勉強するとなると、中には成績優秀な人もいるが、若い人に比べれば、努力した割には、それほど学力はついていないかもしれない。しかも、老年になって学力をつけても、自分にも社会にもそれを役立てることは、若い人に比べたら、非常に困難が伴うだろう。それは、老年期には、その年齢に適合したその時代にしておかなければならないことがあるからである。

他人を真似ることは自らの個性を殺すことになるが、若い人が老成振ったり、老人が若い人の服装を真似たりするのは、自らの時代を生きていないために滑稽なのである。そのことに気がつかないのは、本人だけであるだけに、喜劇がやがて悲劇になりかねない。

それぞれの用は、幼年期から青少年期の少年時代が遊びであり、少年時代から青年時代が学業であり、青年期から壮年期が仕事をし家庭を築くことであり、老年期がそうした用から解放されて、自分の好むことをする時代だとすれば、それぞれの用を怠ったり、その用が終っているのに、いつまでもそれにしがみついているのは、本人には喜劇を、周囲には悲劇をもたらすということである。それは、学業を怠けて遊んでばかりいたり、仕事を怠けて、自分の好きなことばかりしていたり、あるいは年をとっても仕事を離れないで、老害をまき散したりするということがあるからである。

自分の年齢にふさわしい生き方をすることは、何も特別なことをするわけではなく、その時代に応じた用をすることにある。

人間には、器量、性質、才能等が内在されていて、それに応じた用がある。

他人のしていることがいいからといって、それを真似ても、自分に合っていなければ、うまくいかないし、無理にやっても、苦しいばかりで、成果が得られない。それは、自分には自分に合った用があるのだから、他人の真似は、自分の用をしないで、他のことにかまけたり、道草をくったりしていることを意味するからである。早く自分の用を見つけて、戻りなさいということである。

周囲の人とうまくいかないというような人間関係の問題、うだつが上らないというような出世の問題、とても天職とは思えないというような自己感覚の問題があるとすれば、自分に内在されたものに合っていない用（仕事、職業、業務等）についているのではないかと疑ってみる必要があるかもしれない。人間には、生れてきた環境に自分にふさわしい用があるものなのだが、それが自分にふさわしいものであるかどうかは、自分に内在されたものに応じているからである。

先ず、自分の器量が用に応じたものであるかどうかは、その用において、器量を磨き、自己が向上されると共に、その役に立つことが十分にできているかどうかである。そこに、自分の力不足が感じられたり、その逆にもの足りなさがあったり、あるいは自己の向上がまるで感じられなかったり、本当に役に立っているかどうかという疑問があったりして、自分が本当にその用にふさわしい人間かどうかという問題意識が残るとしたら、その用が自分の器量に応じているかどうかよく考えてみなければならない。

次に、自分の性質が用に応じたものであるかどうかは、その用が自分の性質に合い、それを行うことに働く喜びが感じられ、その役に立つことができているかどうかである。そこに、自分に合わないものを感じたり、自己の向上が感じられず、自分が本当に役に立っているかどうかわからなかったりして、自分にはもっと他にふさわしい用があるのではないかという疑問があったとしたら、その用が自分の性質に応じているかどうかよく考えてみなければならない。

最後に、これが一番重要なのであるが、自分の才能が用に応じたものであるかどうかである。

人間には、それぞれ芸術分野、学問研究分野、事業経営分野、技術分野、事務分野、商業分野、サービス分野、家事分野等における様々な才能がある。中には、一人でいくつもの才能を持っている多才な人もいる。そこに用と器量、性質、才能の組合せが生じてくる。そうなると、用と才能が合っていても、器量か性質が合わないということもある。

自分の好きな道に進めるのが一番いいのであるが、人間には様々な環境条件があるため、かならずしもそうはいかない。それに「好きこそものの上手なれ」ということもあれば「下手の横好き」ということもあるからである。

才能というのは、隠れているものもあるし、わからない場合も多いから、用についてからそれに気がつくということもある。それは、用と自己に内在されたものとの関係すべてにいえることであって、人間関係の問題に悩んでいる人やうだつの上らない人や自己の感覚に合わないものを感じている人の多くが、生活のためにやむを得ずその用についているということがある。

人間は、生きるための糧を得て、家族を養い、物質現象界において生活するためには、社会的な用をはたさなければならない。人間が生きるという目的を達成するためには、社会的な役割を担わなければならないからである。それがなくては、社会が機能し、維持されていくことができない。

人間には、そうした社会的生活と共に、個人的生活がある。それが人間の生き方の問題である。

3 心の在り方について

農村も都会も工場も、人工的なものはすべて人間の心がつくり出したものであるが、人間の生活も又人間の心がつくり出している。

人間は、生まれてきた環境条件の中で、自分の希望や願望に基づき、学び、働き、努力して、自分の生活をつくり出している。人は誰でも自分の置かれた環境条件の中で、自分が一番よいと思ったことをしているのであって、自分の悪いと思ったことをわざわざする人は滅多にいないだろう。犯罪者はそれが自分にとって一番よいことだと思ってしている。

人間の生活には、前項までに述べてきた社会的生活の他に、個人的生活がある。個人的生活の上に社会的生活がなりたっているといえる。

「第１章　２　人間の目的と役割」に述べた、人が何をなしたかが社会的生活にかかわることであり、人が如何に生きたかが個人的生活にかかわることである。

前者が人生における用の問題であり、後者が人間の生き方の問題である。

人間は、そうした社会的生活と個人的生活を通して、様々なことを学び、その学んだものの中から、自分がよいと思ったことを実践していくのであるが、それが他人の見よう見真似であったり、自己流であっては、平時やうまくいっている時には問題がなくても、困難に出会ったり、塗炭の苦しみを味わうようなことが起きると、とても耐え切れなくなって、他人にすがったり、新興宗教に耽ったりしても、基本的なことがわかっていないから、問題が先延ばしにされるだけで、真の解法にはほど遠いにちがいない。

ここでは、心の在り方の基本的な整え方を述べるが、これを一つの基準として、認識と実践がなされるならば、無明を解き、自我、欲望、執着の強固なトライアングルが抑制される「少欲知足」の生活に入ることができるだろう。それが社会的には自分の用をはたし、個人的には本来的な生き方を目指す人間らしい生活をすることである。

現在の自分は、これまでの自分の心がつくり出したその集大成である。現在の自分には、過去の自分のすべてがつまっている。そのように考えれば、人間の生き方の問題は、人間の心の在り方に集約される。心の在り方が人間の生き方をつくり出しているからである。

先ず第一に、自分を知るところから始めなければならない。誰でも自分はよい人間だと思っている。そして、自分が一番よいと思ったことをしている。

現在の自分のどこを変えればいいのか、どこも悪いところはないではないかと思う。

すべての根源は人間の心にある。何もかも人間の心がつくり出しているからだ。

それには、心を点検することから始める必要がある。そのためには、静かに自分のしていることを反省してみることだ。

何をしてもやりっ放しで、何も気がつかなければそれで済んでしまう。また、何があったとしても、他人のせいにしていれば、自分をかえりみる必要もない。ずっとそうしていれば、気楽かもしれないが、心の向上は望めないだろう。

人間に自我、欲望、執着の強固なトライアングルがあるからには、自分の心の在り方にも何か問題がある筈だと考えて、たえず自分の心の動きに注意を払っていれば、かならず気づくことがある。

最初は小さな気づきかもしれないが、その気づいたことに気をつけて、その修正を試みたりしていると、そこから次の気づきが生まれてくる。そして、そのことに気をつけ、修正を心がけると、又新しい気づきが生まれてくる。そうして小さな気づきをきっかけにして、自分の心の問題点が次々に明らかにされていくのである。それが認識と実践による自己変革への道程となる。しかし、これは時間をかけてじっくりと取組むものであって、悪いところが見つかったらといって、急に改めようとしても、その時は直したつもりでも、ある時気づいたら、元のままだったということもある。心を改めるというようなことは、一朝一夕にできるものでもないし、すべきでもない。

何よりも自分を知るという心がけが大切なのである。

第二には、自由な心について考えてみることである。

自由な心というと、何ものにも縛られずに、自分の好きなことができることだと考える。しかし、これは自分勝手、自由放縦であって、本当の自由ではない。なぜなら、自我、欲望、執着の強固なトライアングルにとらわれた心は、その支配を受けていて、少しも自由ではないからである。

本当の自由な心は、自我、欲望、執着の強固なトライアングルの支配から解放されて、自己がそれを支配している状態にある。そのためには、自我、欲望、執着の強固なトライアングルを抑制して、「少欲知足」の状態にならなければならない。

しかし、自己制御といったところで、対象となる自我、欲望、執着についてわからなければ、手の打ちようがない。敵を知らなければ、何もすることができないからである。

そのためには、先ず自分を知ることを心がけ、次に内なる対象の在り方や動きがよく察知できるようにならなければならない。

そうして自我、欲望、執着の強固なトライアングルについて知ることができるようになれば、その制御について考えなければならない。しかし、人間は生まれた時から自我、欲望、執着のあるがままに生きてきたのである。これ又、一朝一夕に自己制御ができるような簡単なものでないことはすぐわかることだろう。われわれ凡人にできることは、釈尊が言ったように、いつも自分の思うこと、考えること、話すこと、行うことに気をつけていることである。

第三には、外部に向っている自分の心の方向を内向きに変えてみることである。

そのままでよいと思えば、人間はいつまでもそのままにとどまる。しかし、外部的なものに自己の向上を求めていては、内部的な心の向上は望めない。

「第1章　3　外部的なものと内部的なもの」に述べたように、人間は外部的なものに自己実現の目的を求めている。それは、それぞれの人にとって、地位の向上であったり、事業の拡張であったり、財産の増大であったり、少しでも大きな家に住むことであったり、今まで行ったことのない土地へ旅することであったりする。

人は誰でも自己向上心を持って、それぞれの目的に向って、努力しているのであるが、外部的な目的の実現は、世俗的なものを対象にしているために、応々にして自我、欲望、執着の強固なトライアングルにとらわれてしまうから、目的が達成されればされるほど、心の中でそうしたものが強まり、心は浄化向上されるより、停滞するか、汚化堕落していく恐れがある。

心の在り方を考える場合には、自己向上心を外部的なものばかりに求めるのではなく、自分の心を向上させる方向に転換していかなければならない。

顚倒というのは、本当に大事な心の向上を忘れて、それほど大事でもない外部的な目的に心の方向を集中させて、自我、欲望、執着の強固なトライアングルをつのらせて、むしろ心を汚化堕落させてしまうことにある。

外部的な目的には評価が伴う。その評価によって、出世したり、成功したりするから、誰でもそのことを一番気にかける。しかし、既に述べたように外部的な評価よりも、内部的な役割をはたすことが大切なのである。なぜなら、外部的な評価は外部的な目的の達成に寄与するものであるが、しかし、役割をはたすことは内部的な目的である自己の浄化向上に役立つからである。しかし、外部的な目的の達成が何よりも大事だと考えているうちは、いくら役割をはたしても、内部の自己の浄化向上は望めない。それが自分の求めているものだからだ。

空なるものを求めている限り、空しさに至らざるを得ない。しかし、空なるものを知って、そこから心を離し、心の在り方を変えれば、すべては空なるままにありながら、真なるものになる。真なるものとは、外部的なもの（世のもの）も内部的なもの（内部の自己）も、すべて空なるものであることを悟り、実践することにあるからだ。それが「般若波羅密多（パーラミータ）」を修することである。

このようにして、自己を知り、自己制御を心がけ、外部的なものから内部的なものへ心の転換をはかっていけば、次第に心の在り方が整えられてくる。それが心の不思議であって、何もしなければ、いつまでもそのままにとどまるが、何かの作用を起せば、その作用の方向へすべてのものが動き出すのである。

4 心の方向と心の在り方

人間はその心を向けた方向にすべてのものが動き出す。人間の心が人間のすべてをつくりだし、その方向づけをしているからである。

「人間はその生命を作っている二つの能力をもっている。一は意志、他は理解と呼ばれている。この能力は互いに区別されているが、一つのものとなるようにつくられている。それが一つのものとなるとき、心と呼ばれる。それでこれらのものから人間の心はなり、人間の生命全体はそこに存在している。（スウェデンボルグ「新しいエルサレムとその天界の教義」28頁　柳瀬芳意訳（なお紙幅の都合により邦文の言い回しの変更と一部省略、語順の入れ替えをさせていただいた。以下同じ。）を引かせていただく。

イマヌエル・スウェデンボルグ（1688〜1772）はスウェーデンの裕福な牧師の子として生まれ、11歳でウプサラ大学の哲学科に入学し、哲学、科学、数学を学ぶという秀才であった。彼は、大学卒業後は、ヨーロッパ各地へ行き、勉学にはげんだ。彼は、ヨーロッパ最新の自然科学を学び、いくつもの斬新な発明の作図をつくった。その中には、人類最初の潜水艦や飛行機のアイデアが示されていた。

彼は帰国した後には、スウェーデンは製鉄業が盛んで、地下資源が豊富であったから、鉱山局の監査官になった。その務めのかたわら、地質学、冶金学、化学、力学等の研究にはげみ、様々な発明品を考案すると共に、多くの自然科学の著作を発表し、自然科学者としての名声を確立した。また、解剖学の研究に没頭し、特に脳の研究においては、世界に先駆けて様々な考察を発表した。

スウェデンボルグは、霊魂概念に興味を持ち、脳を解剖することにより、霊魂現象である人間の喜怒哀楽が脳皮質の中に発生し、神経繊維に流入し、顔の中に現れることを解剖学史上最初に発見した。精神活動の座が大脳皮質にあるというスウェデンボルグの発見が実証されたのは、彼の死後一世紀以上たってからである。

そのように、ヨーロッパで著名な科学者であったスウェデンボルグは、56歳の時に神の啓示を受けて、外部的なものから内部的なものへ、物質的なものから精神的なものへ、科学的なものから信仰的なものへの霊的なものへの顕在化を感じた。

彼は、外部的な感覚から分離した内部的な感覚の働きが強まり、霊の言葉を聴くようになり、亡くなった友人の霊や天使と親しく語り合うようになった。

彼は、多くの科学的著作により、科学者としての名声を確立していたのにもかかわらず、科学研究の生活を捨てて、ヘブライ語とギリシア語を学び直し、聖書の研究に取組んだ。そして聖書には文字の意義の下に霊的意義が隠されていることを発見したのである。

続けて、スウェデンボルグは次のように述べている。

「神的秩序に従った宇宙のすべてのものが善と真理に関係しているように、人間のすべてのものは意志と理解に関係している。人間の善は意志に属し、その真理は理解に属しているからである。人間のこの二つの能力または二つの生命は善と真理を受ける器であり、その主体であるからである。意志は善を受ける器　理解は真理を受ける器である。愛も信仰も、それ以外のどこにも存在していない。愛は善に、信仰は真理に属しているからである。」（同29）。

「意志と理解は、人間の霊を構成している。人間の生命は、それらに宿っていて、身体は服従するにすぎないからである。」（同31）。

人間は、真理を理解し、善を意志することから人間なのである。身体は、物質現象界において、意志と理解に従い、用を遂行するためにある。

人間は、意志と理解と用からなっている。実体的な人間においては、理解は思考を形成するため、意志と思考と用からなる。

人間は内部的な意志と思考が用としてなされる。

仏教においては、内部的な意志と思考が意業としてなされ、外部的な言葉が口業であり、その行為が身業である。

人間の業は身・口・意の三業よりなるが、そのことにより用が遂行される。

前項において心の在り方について述べたが、それは意志と思考の在り方の問題である。そして意志と思考が心の方向を決定している。それは、人間の心（意志と思考）が善と真理へ向うのか、悪と誤謬へ向うのかという選択の問題である。ここに心の方向と心の在り方がつくりだされる。

人間は縁起の理法にあるとおり、無明（根本的無知）に生まれてくるため、自分の心の方向と心の在り方が苦の生起する（悪と誤謬）方向へ向うのか、苦を滅する（善と真理）方向へ向うのか、ほとんど自覚されていない。

さて、「第1章　5　空を観じる知恵」に、悟りを開いた覚者の到達した境地である空観について述べた。空観とは、無我、空を悟ることである。それが「色即是空、空即是色」の境地である。

人間は自我が無我へ近づけば、欲望を離れるのに応じて、意志がその分愛（慈悲）で満たされ、執着を離れるのに応じて、理解がその分知恵で満たされる。そこに、無我、愛（慈悲）、知恵の高貴なトライアングルが形成される。

心の方向が悪と誤謬へ向えば、自我、欲望、執着の強固なトライアングルが自由に解放された状態にあるが、心の方向が善と真理へ向えば、自我、欲望、執着の強固なトライアングルが抑制されて、無我、愛（慈悲）、知恵の高貴なトライアングルが形成されてくる。

人間は、心の方向に基づいて、心の在り方が自然のままに放置されもし、あるいは整えられもするということである。

これが凡夫と正覚者の相違であるが、人間が中道を認識し、実践すれば、自我が抑制されると、少しでも無我へ近づくため、欲望が抑えられるようになり、意志に愛（慈悲）が生まれてきて、執着にとらわれなくなり、理解に知恵が生じてくる。そこに小さいながらも、無我、愛（慈悲）、知恵の高貴なトライアングルが形成されてくるからである。人間は、心の方向に基づいてこのように心の在り方が整えられもするということである。

スウェデンボルグは次のように述べている。

「人間は、二つの能力を持っている。人間は、合理性の能力により理解する力を得ていて、自主性（意志の自由）の能力により意志する力を得ている。」（「神の摂理」87）。

人間は、理性に従って自由になすものが自己自身のものとなる。考えた（理解した）だけで、なさない（意志しない）ものは自己自身のものとはならないからである。そこから、人間は意志の生命、愛の生命といわれる。

人間は、物質現象界に生まれてきたときから、自我、欲望、執着が外部の対象から刺戟されて、育ち、やがて強固なトライアングルとして形成されてきたのだから、それらを抑制することは、よほど大きな要因がなければ、できることではないかもしれない。しかし、人間は、人間らしく生きるためには、自我、欲望、執着の強固なトライアングルを抑制して、真理を理解し、善をなし、物質現象界に用を遂行していかなければならない。それが人間本来の生き方であるからである。

5　人間存在と空の概念

人間が外部世界に目的を求めて、地位を得ても、富を得ても何か虚しい。虚しさを感じない人は、頂上を極めていないために、地位や富の究極の本質を知らないからである。

それを知れば、自分の求めていたものの虚しさを感じざるを得ないだろう。それは、地位や富といったものは、人間の観念がつくり出した虚構であって、そうしたものを得るとか失うとかいうことは、観念の上でのことだからである。また、金持ちとか貧乏とかということは、価値観の問題であって、それも観念の事柄である。例えば、そこに住んでいるすべての人々が貧しければ、金持ちとか貧乏とかいう比較が生じないため、そうした観念も生じないからである。

仏教では、色即ち地位、名誉、富等の物質的なものを空といい、人間の受想行識、即ちその観念も空だといった。

事実、最古代においては、人間はそれぞれの集落ごとに自給自足の生活を営んでいたから、収穫物を平等に分け合い、助け合っていたため、地位、名誉、富という観念がなかったのである。

すべてが虚しいものであれば、人間は何を求めればよいのだろうか。

そこに、外部世界と人間の内部世界のかかわりが問題となる。すべては用としてあるとみれば、人間は、用をはたすことが役割をはたすことであって、そのことによって、自己が向上されていく。その反対に、外部世界の目的に自我、欲望、執着の強固なトライアングルがとらわれた転倒した生活をしていれば、自己は停滞しているか、あるいは、汚化堕落しかねないものである。

人間がそうしたことを知らないのは、感覚作用がすべてであると信じて、少しも疑おうとしないためである。しかし、人間は身体的存在であると共に、内部的には霊的な存在である。人間は、死後には身体を失えば、霊のみの存在となることは十分に考えられることである。

人間にとっては、霊的なことは人間の常識からすれば、すべて異常なことである。しかし、死後それに気づいても後の祭である。何も知らず、何の準備もせずに、死を迎えるというのは、実にうかつなことだといわざるを得ない。人間にとっては、死はそもそも異常なことであるから、死後があるとそれ以上に異常なことであろう。しかし、死が事実としてあらゆる人間にあるからには、死後には何もないと誰が言い切れるだろうか。それはあまりにも強く物質現象界にとらわれ、縛られているためだ。

人間が霊的存在である以上、霊的なことを知らない筈がない。それを知らないのは、感覚作用がすべてと信じて、外部世界の目的に自我、欲望、執着の強固なトライアングルが強くとらわれているために、認識作用に曇りが生じて何も感じなくなっているからである。

物質現象界がすべてと信じている人とその世界の他に霊界があると感じている人とでは、認識作用において、質的にも量的にも大きな差が出てくる。それは、霊界が原因の世界で、物質現象界は結果現象の世界である、とスウェデンボルグが述べているからである。

「自然的なものは霊的なものを表象している。それらのものが相応していることは、自然的なものが自然なものそのものに存在している原因から発生しなくては発生することができないという事実から知ることができる。その原因は霊的なものから発している。自然的なもので、そこから原因を取得していないものは一つとして存在していない。」（「天界の秘義」２９９１）。

物質現象界に生起する現象は、すべて霊界に原因があって、偶然というものはない、とスウェデンボルグは述べている。（「神の摂理」70）。

そうだとすれば、物質現象界しか信じない人は、霊界を含めた全体の世界に対して部分的な認識作用しかもっていないことになる。それは、自己を頼む人間には、それに応じた認識作用が与えられているためである。

人間が物質現象界に何を求めても、結局虚しさを感じざるを得ないのは、真実の一部しか知らず、その一部分をすべてと信じて追い求めているためではないだろうか。人間の心は深いところでそうした真実を知っているために、一部分の真実ではどうしても満足できないのかもしれない。あるいは、人間の求めるものは物質的なものにはなく、むしろ人間の心と同質の世界にあるかもしれないからだ。

人間は、自己自身が物質系の存在であることにとらわれている限り、身体としての自己自身にも物質現象界にも何の不思議も感じないかもしれない。それでは色（身体と物質）が空であるといわれても、何のことかさっぱりわからないにちがいない。ところが、人間が霊的存在であることを知ったならば、自己自身にも物質現象界にも、様々な疑問が涌いてくるに違いない。

人間は人間として生まれる前にどこにいたのか。

人間は死んだらどこへ行くのか。

人間が霊ならば、物質現象界の他に霊界があるのか。

霊界と物質現象界の関係はどうなっているのか。

こうした様々な疑問を抱けば、空という概念が非常に身近なものに感じられるようになるだろう。それは、確固としてあるものと信じられていた自己自身も物質現象界も、決して安定的固定的なものではなく、全面的に信じられるものでもないという疑念と不安が芽生えてくるからである。これが序章に述べた奇妙な感覚の出所であるかもしれない。

自己自身も物質現象界もあるがままでよいのならば、自我、欲望、執着について特段に反省する必要もないから、自分が好きなように生きていけば、それでよいのである。しかし、自己自身にも物質現象界にも疑念と不安が感じられるようになったならば、自然にあるがままで、好きなようにしていればいいというわけにはいかないだろう。今までのようにしていては、自己自身も物質現象界も何も変らず、失われた安定と信頼は回復されないからである。

人間が空の概念に出会った時の疑念や不安はそうしたものであったにちがいない。われわれ人間は一体何を信じ、何に依り処を求めて、生きていけばよいのかということである。

われわれは、人間が霊的存在であるという一事によって、空の概念と向き合わざるを得なくなる。人間が物質系のみの存在であれば、人間は身体の死と共に消滅し、後には何も残らない以上、空の概念は全く無意味なものでしかない。ところが、人間が霊であるとすれば、人間は、身体が死んでも、霊が残ることになるため、物質現象界がすべてではなく、別次元の世界があることになり、にわかに空の概念がその存在を現してくるからである。

6 愛の目的と用の秩序

スウェデンボルグは次のように述べている。

「人間の生命はその愛である。その愛にその生命が従っていて、人間全体が従っている。」(『新しいエルサレムとその天界の教義』54)。

「人間が何ものにもまさって愛しているものは、絶えずその思いの中に、その意志の中に現存していて、その本質的な生命を構成している。」(同55)。

「人間は何にもまさって愛しているものを目的としている。」(同56)。

「二つの愛がある。そこから善と真理のすべてが、それを自分の源泉のそのものとして存在している。また二つの愛がある。そこから、悪と誤謬のすべてが存在している。すべての善と真理の源泉となっている二つの愛は、神に対する愛と隣人に対する愛である。すべての悪と誤謬の源泉となっている二つの愛は、自己への愛と世への愛である。」（同59）。

人間にとって大事なことは、内部的な心の浄化向上を目指すことである。ところが、人間は少しも内部的なものをかえりみることなく、外部的な目的に自我、欲望、執着の強固なトライアングルを抱いて、自らの心を停滞させるか、汚化堕落へ向かわせている。

世間的な方へばかり眼が向けられていて、自己自身について何らかえりみられることがなくては、その生き方に問題があるといわなければならない。いくら外部的なものに努力しても、内部的なものについては何もしないというのでは何のための努力かということになる。これでは、いくら出世や成功をし、世間的に評価されても、自己自身としては一体何をしていたのかということになるだろう。これは、世間的には社会的な出世や成功をした人間として認められるかもしれないし、あるいはそこそこの出世や成功であったとしても、自己を頼むところがあるかもしれない。しかし、外部的社会的生活と内部的個人的生活の全体の人間としての観点からみれば、ある程度の用をはたしてはいても、自己自身のことは全く忘れ去られているか、全くかえりみられないために、中途半端な生き方にとどまらざるを得ない。

人間は、内部の自己の向上が第一であって、それを達成するための外部的条件の向上が第二である。それは、内部的なものが目的であって、外部的なものは役割と手段であるからである。ところが、外部の目的の向上に自我、欲望、執着の強固なトライアングルがとらわれると、外部的な条件が第一に置かれて、内部の自己が忘れられているか、あるいはかえりみられなくなってしまう。

人間は、外部的なものに愛の目的を置いて、いくら努力をして、出世や成功をしても、結局虚しさに至らざるを得ない。ところが、自我、欲望、執着の強固なトライアングルを抑制して、外部的なものに用をはたす努力をしていると、自然に心の浄化向上がはかられていくようになる。前者は用の秩序に反しているが、後者は用の秩序にかなっているからである。

用の秩序については、スウェデンボルグは次のように述べている。

「もし諸君が創造されたすべてのものの用（use）が秩序をもって人間にまで進み、人間からその起源の源である創造者に帰っているのを考察されるならば、又すべてのものが関連づけられ、維持されていることも、創造者と人間との結合に依存していることを考察されるならば、さらに驚嘆されるであろう。（「神の摂理」３）。

「創造されたすべてのものの用は、最後のものから、人間を経て、創造者なる神へ秩序をもって上昇している。」（「神の愛と知恵」65）。

最後のものとは、鉱物界の一切のものであり、中間のものは、植物界の一切のものであり、最初のものは、動物界の一切のものである。各物界において、最後のものは中間のものの役に立ち、中間のものは最初のもののの役に立って、創造されたものの用は、最初のものの第一のものである人間へ秩序をもって上昇している。用の秩序とは、すべてのものは、他の役に立つために存在しているということである。

人間の選択は、人間の愛の目的に基づいている。それが人間の心の方向を示しているからである。人間の愛の目的は、大きく分けると、神と法への愛、他への愛、自己への愛、世俗的なものへの愛がある。

ここで「神と法」としたのは、神が存在し、又その現れとして法があるということである。霊界と物質現象界を含めた世界は、キリスト教では神の世界とし、仏教では法の世界としている。

第一に、神と法への愛とは、自我を捨てて、神と法を信じ、その信じたことを実践することである。信じただけで、行わなければ、何もないのと同じである。

自我を捨てることは、仏教でいう無我を目指すことであり、自我にこだわっている限り、神と法を信じ、その信じたことを実践することは至難である。

第二には、他への愛とは、自我、欲望、執着の強固なトライアングルを抑制して、他を第一に考え、自らを第二として、他のために用をなすことである。

これは、他を活かすことによって自らも活きるという利他は自利の大乗仏教でいうところの菩薩行である。用の秩序においては、自我、欲望、執着の強固なトライアングルを抑制するのに応じて、心が浄化向上されていくということが生じてくる。

第三には、自己への愛とは、自分と自分の愛するものだけを大事にし、それ以外のものには非常に冷淡なのが典型的な自己愛である。自分を大事にしないもの、自分に反対するものには、冷酷極まりないという抗撃的な性質がある。

第四には、世俗への愛とは、世俗的なものに対する欲望と執着が非常に強く、たえずそれが愛の目的となっているものである。

用の秩序を知って、それを信じて、実践すれば、心は浄化向上されていく。ところが、それを知らず、あるいはそれを知っても信じず、用の秩序に反すれば、心は、停滞するか、汚化堕落していくのである。

また、悪いことを何もしなかったから、心が浄化向上されていくかというと、そうではない。問題は、心の方向なのである。

人間が神と法への愛、他への愛にあれば、善と真理の方向へ向いているため、自我、欲望、執着の強固なトライアングルから無我、愛（慈悲）、知恵の高貴なトライアングルへ向いているから、心が浄化向上されていく。しかし、人間が自己への愛、世俗的なものへの愛にあれば、悪と誤謬の方向へ向いているため、自我、欲望、執着の強固なトライアングルが支配する状態にあるから、心は停滞しているか汚化堕落していくのである。

物質現象界には、霊界からの働きかけがたえず行われていて、人間の心の方向と心の在り方に応じて、様々な結果現象が生起してくる。何か悪いことが起こったならば、他に責任転嫁をする前に、先ず自分の心の方向と心の在り方を問わなければならない。

人間の心の方向としては、ここに述べた神と法への愛、他への愛、自己への愛、世俗への愛の四通りのものがある。また、人間の心の在り方については、「本章　3　心の在り方について」に述べたとおりである。

自分が自分がという思い、あるいは欲望と執着の生き方に明け暮れていては、何もわからないままに一生を過ごしてしまうだろう。それがはたして、人間にとっての自由と幸福であるかどうかは、すべて人間の選択の自由にまかされている。

第3章

人間の思考法

1 前近代社会から近代社会へ

仏教における空の概念は、ものの本質がその虚構性と有用性にあることを示して、人間が欲望と執着にとらわれることの愚を喩しむものである。

この世、あるいはわれわれの人生は、この世の虚構性、仮構性の上に成り立っているが、しかし、それは有用なものだということである。

この世のもの、そこで生きる人生が虚構性、仮構性にあるにもかかわらず、有用であるのは、そこに生きる人間の意義が問われていることである。それは、そうしたものが虚構性、仮構性にあるが故に、人間に役立つもの（有用）となるからである。人間は、それらのものをどのように自己自身と周囲に役立て（社会的生活）、自己自身に意義あるものとなすか（個人的生活）が問われているということである。したがって、人間は虚構性、仮構性にあるこの世と人生を如何に自己にも他にも有用となすかが、人間の生き方の眼目となるということである。

この世、あるいは人生が虚構性、仮構性にあることは、多くのことを考えさせる。

凡夫は、この世がすべてと思い、短い人生をできるだけ楽しもうと考える。そうした快楽的思考を伴わないまでも、この世の実在性を疑ぐることなど考えてもみないだろう。

この世界は確固として揺るぎなく存在し、人間は悠久の時の流れの中をゆったりと漂ってゆく小さな存在にすぎない。人生のはかなさは考えられても、物質現象界の存在を疑うことはできない。

ところが、物質現象界の他に霊界が存在するとなると、物質現象界は絶対的なものでも確固としたものでもなくなってくる。しかも、物質現象界が霊界の目的、原因によって動かされている結果現象の世界にすぎないとなると、物質現象界に対する絶対的な確固とした信頼感が揺らいでくる。

この世界の他に別の世界が存在するとなると、われわれ人間は、これまでとは全く異なる思考法を行う必要に迫られる。これまでの思考法は、物質現象界にのみ通用するものであって、ここ以外の世界が全く想定されていなかったからだ。

先ず、人間は死ねば終りだと考えている。したがって、死後のことは全く考えられていない。霊界のことは知らないのだから、死後のことを考えようにも、イメージすら浮かばない。

昔の人は、単純素朴に、悪いことをすれば地獄に落ちるし、よいことをすれば天国へ行けると考えていた。そのために、子供の頃からそうした話を聞かされていたから、神様や仏様を単純素朴に信じ、お互いに助け合う精神を持ち合わせ、実践していた。ところが、近代化社会以降の人間は、科学がすべてとなり、科学的に解明できないものは一切信じなくなった。現代科学では到底霊界の存在を解明することができないから、霊界の存在を信じるのは、宗教を単純素朴に信じている人だけとなった。それは、科学は物質及びその現象を対象とするものであるのに対して、霊界は非物質的世界とその現象として存在しているからである。そして、前者は機器を含めた人間の感覚作用でとらえることができるが、後者はそうしたことが一切できないためである。

近代化社会は宗教から科学への時代といわれているが、宗教的規制によって抑制されていた自我、欲望、執着の強固なトライアングルが野放図に解放された時代でもあった。近代化社会は、「自由主義」と「個人主義」が最大のキーワードとなったからである。

「自由」とは、本来的には自己に由るということであり、自己責任の自己結果の精神をもって、他者との切磋琢磨の上に、お互いの向上をはかっていくということにある。ところが、現実には自由とは、自分がしたいことを何の制約もなしに自由にできることだと考え、自分勝手のしたい放題が横行することになった。「個」とは、自己責任の自己結果の精神を持つ個を確立し、お互いの個を尊重し合っていくということである。ところが、現実には個とは、自分が自分がという自我主義（エゴイズム）を生み出し、自分さえよければいいという風潮すらもたらした。

近代社会の「自由主義」と「個人主義」は、人々の自我、欲望、執着の強固なトライアングルを野放図に解放し、エゴと欲望の渦巻く自由競争社会を現出させた。そこにいるのは、現世的人間ばかりであって、人々は自己の向上にはげむよりも、ひたすら自分が物質的に豊かになること、競争に勝つことに夢中になった。

近代化社会ほど死の観念が薄れた時代はなかっただろう。昔の生活は、野性動物や毒虫の危険、ペストや感冒などの疾病の流行、飢饉などの食糧難、戦争、災害などによって、たえず死の恐怖におびやかされていた。乳幼児の死亡率は高く、人々の寿命も短かった。死は嫌応なく人々の日常生活の中に深く根をおろしていた。

近代化社会は、科学の力によって、戦争や災害や病気以外の危険はほとんどなくなったといってもいいだろう。その結果、死の危険が遠ざかると共に、人々の死の観念も薄らいでいった。死の観念が薄らぎ、現世的人間が増えれば、死後の世界は忘れ去られる。死の稀薄化は生の稀薄化でもある。

人々は、よりよく生きるよりも、よりよいもの（利便性）、よりすぐれたもの（機能性）、より楽しいもの

（快適性）を求めて、ひたすらエゴと欲望の生活を送ることになった。

時代の振幅が一方に傾けば、その反動で揺り戻しがかならず起る。エゴと欲望の生活は、社会的生活にも個人的生活にも様々な歪みを引き起さずにはおかなかった。端的に言えば近代化社会は、近代的産業とその生活と共に、人間における心の孤独と環境破壊を生んだといえよう。

人々が近隣相和し助け合い、豊かな自然の中で暮していく生活は失われ、誰もが物質的な豊かさを競い合い、そのためならば自然を破壊することなど気にしない時代となった。

近代化社会の人々は、昔の人々に比べて、人生の本当の意味を知り、よりよく生きるようになったのだろうか。

教育制度が完備し、出版、放送、通信等の情報メディアが発達し、人々の理解力や知識は、昔の人々に比べれば、幾何級数的に増大した。しかし、科学の力によって、人々の科学的な理解力や知識は増大し、物質的には豊かになったが、精神的にはむしろ貧しくなったのではないだろうか。

例えば、昔の人々は自然と共生し、自然と暮らす知恵を持っていた。ところが、自然を捨てた近代社会の人々は、自然の知識を失い、自然の中にただ一人放り出されたならば、はたしてどの位の確率で生き残れるだろうか。

同様のことが死の観念や生活の知恵についてもいえるのであって、昔の人々が持っていた人生や生活に対する知恵を近代の人々はどれだけ受け継いでいるだろうか。

前近代社会においては、呪術や魔術といったおどろおどろした、いかがわしさの中に、伝統的に継承されてきた宗教習俗や相互に助け合う精神があって、自然の恵みを享受する知恵と共に、豊かで暖かな人間社会が築かれていた。しかし、近代化社会においては、前近代社会における霊魂概念や神秘思想を払拭すると共に昔から引き継がれてきた人生や生活の知恵までも非合理、非科学的であるという理由によって綺麗に捨て去ってしまった。

そうした近代化社会の人々が持つ見方や考え方を総称して合理主義思考法と呼ぶことにする。合理主義思考法は、一切が普遍的法則によって合理的科学的に分析できるものと考える思考法である。

科学は物質現象界を対象とするものである。ところが、昔の人々は伝承により物質現象界以外に霊界が存在することを知っていて、そうしたものすべてを対象とする伝統思考法を持っていた。ところが、合理主義思考法は、そうした思考法とは相入れないために、合理的、科学的ではないという理由によって、伝統思考法を否定し、捨て去ってしまったのである。

2 社会的生活の変貌と個人的生活への影響

前近代までの時代には、一部の権力者や支配階級が富や権力を求めて、相争うことはあっても、一般社会の人々は、宗教が政治の手段として利用されていたこともあって、強い宗教的規制の下に置かれ、物質的には貧しくても、精神的には内向きな、相互に助け合う生活に満足を見出していた。それはヨーロッパも日本も同じであって、ヨーロッパではカトリックが人々の生活の隅々にまで支配の手を伸ばし、経済的規制を加えていたし、日本では徳川幕府の宗門改めの制度により、かならず仏教のいずれかの宗派に属することが定められていたため、仏教が人間が生まれてから死ぬまでの戸籍管理を行っていた。

産業革命に端を発する近代化社会は、宗教に変わる科学を普遍化の手段とし、自由主義と個人主義が、宗教的に規制された人々の生活を解放した。

ヨーロッパでは、異端裁判と拷問と火刑による宗教支配が弱まり、それに１００年ほど後れて日本では、明治維新による廃仏棄釈運動が起り、仏教は官僚としての地位を追われて、葬式仏教として細々として生き残ることになった。

自由主義と個人主義は、近代科学と産業の発達による大量生産と大量消費社会の出現に伴って、以前には、一部の特権階級のものにすぎなかった物質的な欲望とその満足を一般大衆にもたらした。その結果、近代社会の人々は、精神的には宗教色の強い静的な内向きの生活から科学と合理主義による動的な外向きの生活へ、物質的には貧しくてもお互に助け合う生活からエゴと欲望による自由競争の生活へと転換していったのである。

イギリスの産業革命から2世紀、日本の明治維新から1世紀を経過し、高度に発達した近代科学産業社会の中で、人々は、地位や富の虚しさに気づき始め、精神的に満たされない外向きの生活に疑問を抱き、競争社会に疲れた心の癒しを求めている。

近代科学は、打出の小槌のように、オートメーション工場、超高層ビル、飛行機、自動車、家庭電化製品、情報通信機器等を生み出し、人々の生活の利便性、機能性、快適性を高めた。しかし、物質的にいくら豊かになっても、精神的に貧しくては、人間はどうしても幸福感や満足感が味わえないものらしい。人間というのは、随分と贅沢な生き物であるようだ。

前近代社会では、ガリレオ裁判にみられるように、宗教が科学を異端という理由で弾圧していた。それが近代化社会になると、科学が宗教を非科学的という理由で疎外した。

　科学の恩恵に浴した時代に、自然の生活に戻り、宗教を求めるのは、まさに時代錯誤であろう。しかし、科学と産業の発達した社会の中で、宗教的なものを求めるというのが本当であろう。なぜなら、科学は物質的なものを対象とするものであり、宗教は精神的なものを対象とするものであり、人間は身体と精神を持って、物質現象界を生きているからである。

　前近代社会においては、宗教が人々の生活を外から規制したために、そうした社会が潰えると共に、宗教に替って、科学が人々の生活の規範になった。しかし、科学は物質的規範とはなり得ても、精神的な規範とはなり得なかった。

　精神的規範としては、宗教がその役割を担うべきものである。しかし、前近代社会における宗教は、権力的存在として、人々の生活に外から規制を加えたところに誤りがあった。

　精神的な規範としての宗教は、本来的には、自主的な自己修養として実践されるべきものであった。ところが、宗教がそうした本来の意味を見失い、政治権力と結びついて、横暴を極めたところに、腐敗堕落していく運命にあったのであろう。

　そうしたことの根本原因は、宗教自体に問題があったとみられる。本来孤高の精神を守るべき宗教が戒律を忘れて世俗化し、富と権力を求めて、民衆支配の具になり下がるとは、イエス・キリストや釈尊の名を騙るふとどき者といわれても仕方がないだろう。

　人間は、身体と精神を持って、物質現象界を生きているからには、身体と精神のいずれに片寄っても、苦しみや不満が生じてくるものらしい。やはり、健全な精神は健全な身体に宿るといわれるように、身体と精神はバランスがとれていることが何よりも大切なことのようである。

健全な身体と精神を確保するためには、科学的物質的な生活の中にあって、宗教的精神的な自己修養を実践していかなければならない。それが物質的なものにも、精神的なものにも片寄らない中道ということである。

近代文明は、自由主義と個人主義により、個人の自我、欲望、執着を野放図に解放してしまった。その結果は、自我主義（エゴイズム）と欲望の飽くことなき追求をもたらし、競争と暴力が世界を支配し、物質と精神のバランスを失った近代の人間が漂流民のようにあてもなくさまよっている。

イノベーション（技術革新）と自由競争市場の創出に明け暮れる近代文明がグローバリゼーションの波に乗って、地球上の隅々にまで行き渡り、もはや人々は、昔日の伝統と継承の生活に戻ることはできない。

自由主義と個人主義という禁断の木の実を味わってしまった人間は、もはや抑制された内向きの生活に戻ることができない。エゴと欲望と競争の生活が行くところまで行って、破綻したり、挫折したりした不幸な人間が苦しみを味わい、そうした反省の上に立って、自分の生活や社会の有様を見直した時、がく然として真実に目覚めるのかもしれない。

近代化社会が前近代社会へ戻ることはできないし、科学の時代から宗教の時代へ帰ることもかなわない。しかし、社会を支えているのは、一人ひとりの社会的生活と個人的生活である。そうした社会的生活と個人的生活が内部から変ることによって、社会の変革をうながしていくことは不可能ではないだろう。人間の社会は、一人のリーダーや一握りの指導者層からつくられるものではなく、そこに住む普通の人々の意識と生活から構築されているからである。

3 失われた伝統思考法

近代文明あるいは近代科学は、前近代の宗教、霊魂概念、神秘思想等を非合理的、非科学的なもの、あるいは迷信として排除してきた。その中には、確かにいかがわしいものもあったけれど、古代から継承されてきた伝統や人生の知恵といったものも含まれていた。特に、伝統的な宗教習俗が失われてしまったことが大きいといわれている。

そうして近代の人々は、合理主義思考法を持ち、現世的な生き方をするようになった。これですべてがうまく行くように思われた。ところが、現世的な生き方には、様々な壁が立ち塞がっていることに気づき始めた。

現世的生き方の理想とされた王候貴族の生き方には、かならずしも自由と幸福を保証するものではなかった。自由は、自らの愛するものを自由に行うところにあるが、外部的な目的に自我、欲望、執着の強固なトライアングルがとらわれていると、逆にそれに支配され、束縛されて、自己は少しも自由でなくなってしまう。また、そうして地位や富などをいくら得たとしても、物質的なものには心が虚しさを感じるばかりで、少しも幸福ではなかったからだ。

伝統思考法には、父祖代々にわたり、親から子へと引き継がれ、積み重ねられてきた社会的、道徳的な経験や知恵があり、現世的なものを超えた超越的な存在に対する畏怖の念があった。

前近代化社会にあっては、疫病や飢饉や災害などが人間に人智を越えたものに対する恐怖を与えたし、山や海や星辰の運行には、自然の持つ神秘や不思議を感じさせた。

そうした人智を超えたものや神秘的なものに、当時の人々は神仏の現れをみて、増々畏怖の念を深めた。人々は、自然には神仏が宿ると考え、一本一草に霊魂があると信じた。それは、仏教の説く仏性の教えにも一致していた。

そうした霊魂概念や神秘思想が伝統的な宗教習俗と混じり合って、人間の心と自然の神秘が溶け合い、人間が自然と共にしていく人生や生活の知恵が培われていった。人間は、自然の脅威の前にはなす術もなく、痛めつけられていたが、その反面では、自然の豊かな恵みに浴していた。

自然の恩恵は、食物としての動植物ばかりでなく、人間が自然と共に暮していくことによって受ける心の豊かさがあった。海や山や空が季節や時間に応じて様々に変化する楽しさやそこにある動物や植物や空などの美しさがどれほど多くの感動をもって人間の心を満たしたことだろう。

現世的なものや物質的なものに縛りつけられている人間が到底うかがい知ることのできない自然の恵みがそこにはあった。

近代の人々は、近代科学の恩恵と引き換えに、自然の恵みを失ってしまったといってもよいだろう。しかし、その収支バランスは決してプラスではなかった筈である。なぜならば、近代文明がもたらしたものは物質的な豊かさであったが、しかし、伝統思考法には、精神的な豊かさを得るための人生や生活の知恵がふんだんに含まれていたからである。

合理主義思考法は、ダイナミックで外向きの近代的な生活に適するものであった。しかし、人間は物質的なものや現象的なものばかりにとらわれていると、心が満たされないものを感じ、疲れてくる。ストレスがある程度たまった時に、何らかの方法によって、解消してやると、疲れて弛緩していた心が元に戻り、弾力を取り戻して再び元気に働けるようになる。ところが、ストレスがたまったままにしておくと、弓がたえず引っ張られた緊張状態にあれば、伸び切って元に戻らなくなるように、心が弾力を失って、元に戻らなくなってしまう。

ストレスの多い近代的生活は、昔の生活では考えられなかったようなノイローゼや分裂症といった心の病を生み出した。硬直的な合理主義思考法と自然とは無縁な人工的生活が、人間の心を貧しくし、その生活を惨めにしているといったら言い過ぎであろうか。

人間が自然の脅威に畏怖の念を持ったのは、自然の深奥に神仏の存在を感じ取ったからに他ならない。そして、灯りのない深い闇や眠りの中に現れる夢に、霊的なものの存在を感じたにちがいない。自然の様相に神仏の現れを感じとり、不幸や病気に霊的なものの障りを感じれば、人間は宗教的に、あるいは霊的に生きることを少しも不思議に思わないだろう。

昔から伝えられてきた思考法や宗教習俗には、人間に内在された霊的なものの障りを消滅させる方法や効能が含まれていて、前近代的社会の人々はその認識と実践にはげんでいた。人間の不幸や病気は霊的なものの障りとして現れてくるものであるからである。それがむしろ自然な生き方であるのは、物質現象界のみでなく、自然界や霊界をすべて視野に収めた広大な思考法に基づいたものだからだ。

伝統思考法は、一面ではいかがわしいものを含んでいて、決して合理的なものでも科学的なものでもなかった。しかし、物質現象界一辺倒の合理主義思考法が持つ偏向性がないために、過誤に陥ると抜け出せなくなるということからは救われていた。

合理主義思考法は、合理的で、明快であるが、その反面ではやせて偏狭な傾向にある。それに対して、伝統思考法は、不合理で、いかがわしいところがあるが、反面では、あらゆるものを包み込む豊かな懐の深さと人の心を暖く包む優しさを持っていた。

この二つの思考法は、相入れぬ要素を持つため、安易な統合を許さないものがある。

近代の人々は、合理主義思考法に慣れ親しんでしまっていて、もはや伝統思考法を受け入れる素地を持たないし、また伝統思考法への回帰をはかろうとしても、それはほとんど失われてしまっていて、取り返しがつかない。

近代の人々は、このまま進めば、あちこちで壁に突き当たって立ち往生したり、傷ついたりするが、さりとて元へ後戻りすることもできないというジレンマに陥ってしまっている。そうしたジレンマは、合理主義思考法そのものの持つ欠陥からくるのであって、自分たちの見方や考え方を変えない限り、そうしたジレンマから抜け出すことは容易ではないだろう。

世間的な競争から落後した不幸な人間が、疎外感によって、自分の生活や社会の有様の誤謬に気づくように、合理主義思考法の持つ欠陥に気づいて、思考法そのものを一端白紙に戻して、人間の生き方や世界の在り方を根本から見直すところから始めなければならないのではないだろうか。自分は何でも知っている。自分のしていることに間違いがないと思っているところに、何か根本的な無知や誤りがひそんでいるかもしれないからである。

奢りは、無知や誤謬に基づくものである。人間は真理を知れば知るほど自らの小ささを自覚して、謙虚にならざる得ないからである。

4 合理主義思考法の限界

個別的偶然的なものを排し、すべてが普遍的法則の論理的必然によって支配されていると考えるのが合理主義思考法の立場である。このような思考法は安全かつ明快であるが、何でも受け入れてしまう伝統思考法の持つ懐の深さや豊かさに比較すると、やせて偏狭な面は否めない。それは又、近代人特有の狭量さや冷淡さであって、昔の人が持っていたような清濁あわせ呑むような度量の広さや心の暖さが失われてしまっていた。

物質現象界を生きる人間には、分別心があるから、悪よりも善、汚よりも清、醜よりも美、苦よりも楽を得ようとして求める。ところが、すべて二元相対の関係にあるから、かならずしも人間の思惑通りには事が運ばず、求めるものとは反対のものを応々にして得てしまう。そうすると、人間は悪、汚、醜、苦といったものをひたすら人の眼から隠そうとする。したがって、表向きには、善、清、美、楽といったものが現れているが、その裏には、その反対のものが隠されているのが、世の中であり、人間の生活である。人間は、天界的なものを希求しながら、心ならずも地獄的なものを得てしまうというのが実態のようである。

天界も地獄も何もかも受け入れてしまうような伝統思考法にあっては、天界的なものと地獄的なものを認識し、地獄的なものを避けて、天界的なものを得るための実践が宗教あるいは伝承によって行われていた。ところが、合理主義思考法においては、天界的なものも地獄的なものも、非科学的という理由により、一切認めないため、「自由主義」と「個人主義」により自由と欲望の解放が行われたために、何をやっても自由ということになってしまった。

「自由主義」は無制限な自由放縦となり、「個人主義」は恐れを知らない勝手気儘な精神を生んだのである。そうして人間が得たものが、善よりも悪、清よりも汚、美よりも醜、楽よりも苦であったのは、人間が無我、愛（慈悲）、知恵の高貴なトライアングルよりも自我、欲望、執着の強固なトライアングルを選んだことの必然の結果であったといえよう。

物質現象界は、善、清、美、楽といった天界的なものと悪、汚、醜、苦といった地獄的なものが混在した世界であるから、決して合理的で明快な世界ではない。一面では曖昧模糊としたつかみどころのない世界なのである。

そこに住む人々は、善きもの、清いもの、美しいものを表面的に見せているが、その裏には、悪しきもの、汚いもの、醜いものが隠されている。それは、二元相対の世界においては、よきものには悪しきものが、清いものには汚いものが、美しいものには醜いものが寄り添っていて、いつその反対のものに暗転していかないとも限らないからである。

しかも、そうした人間の眼に見えるところの他に、隠された世界があって、そこには天界と地獄があり、たえずそうした世界から人間世界に対する働きかけが行われているとすると、人間は、自らが霊的存在であることに気づかないことは、まるで心の防御を怠った隙だらけの生き方をしていることになる。それは、人間が意志の方向を自己と物質的なものへ向ければ、地獄の働きかけを受け、意志の方向を天界的なものへ向ければ、天界の導きを受ける状態にあるからである。

物質現象界が曖昧模糊としたつかみどころのない世界であるばかりでなく、人間自身がとてつもなく不可思議な存在なのであるから、感覚作用でとらえられるものがすべてと信じていていいものかという疑問が残るわけである。

伝統思考法は、いかがわしいものを含みながらも、そうした物質現象界と霊界の一切の世界を含んでいる思考法であった。しかし、合理主義思考法は、合理主義思想により、普遍的法則に合致しないものは、非合理的、非科学的なものとして排除してしまったため、感覚作用でとらえられないものが一切含まれていない思考法である。

合理主義思想は、一切が普遍的法則の論理的必然により支配されていると考えたのであるが、その立場を守るために、そうした法則や論理からはずれるものをすべて除外してしまった。しかし、合理主義が非合理的、非科学的として排除したところに、物質現象界と人間を含めた世界を支配しているものがあったとすれば、最初に過誤があればどれほど論理的に必然化されたものでも、どこまで行っても過誤の迷路から抜け出せないということになるだろう。

物質現象界は、物質的世界であるから、物質を対象としている限り、因果関係も論理的必然も明快である。近代科学は、物質を対象とするものであったから、驚異的な進歩をとげ、近代文明という未曽有の成果をあげることができた。

驚異的な発展をとげた近代物質文明を目の当たりにして、人々はそれを創りあげた近代合理主義思想と近代科学を絶対普遍的なものだと考え、そうした論理や法則からはずれたものを疎外した。ところが、そうした論理や法則の持つ絶対普遍性は、物質的なものを対象とする限り有効であるが、それが疎外したものに対しては無効なのは当然である。論理や法則が当てはまらないために疎外したのだから、最初から無効性を認めていたともいえるだろう。

近代合理主義思想や近代科学は、自らの論理や法則が有効な範囲内だけの絶対普遍性であって、それが真の意味の絶対普遍性でないことは、このことからだけでも明らかである。

物質現象界は、二元相対の世界であるから、絶対普遍的なものは存在しない。宗教はそこから出発していた。しかし、合理主義思考法は、物心二元論に立ちながら、見る者（自我あるいは精神）と見られる物（対象あるいは物質）に分別して、見られる物のみを合理的に分析し、絶対普遍的な法則や論理を抽象しようとするものである。

霊界が目的と原因の世界であって、物質現象界は結果の世界であるとすると、物質現象界において、絶対普遍の論理や法則として抽象されたとしても、非常に限定されたものであることは明白である。

近代合理主義思想と近代科学に基づく合理主義思考法は、物質的なものにおける因果関係、論理的必然といった限定された範囲内で働き得るものであって、絶対的なものでも普遍的なものでもない。それは、人間が何をなすべきかという社会的生活には有効なものであるが、人間が如何に生きるべきかという個人的生活には無力なものであることは明らかである。近代の人々が合理主義思考法により、社会的生活ばかりでなく、個人的生活をも規定しようとしたところに多くの過誤や失敗が生まれたことは想像に難くない。

人間の本質は霊であるから、霊界とは切っても切れない関係にある。そうした人間の本質にかかわる事柄を人間の感覚作用ではとらえられない、あるいは合理主義思考法にはなじまない非合理的、非科学的なものだという理由で、排除して、事足れりとしているのは、真に合理的、科学的態度であるだろうか。

何が真実なのかを追求するのが、真の科学であり、そこから生まれてくるのが真の思考法ではないだろうか。

近代合理主義思想と近代科学は、未曽有の近代科学技術文明を生み出し、そこに住む人々に物質的に豊かな生活をもたらしたが、その反面では、伝統的に継承されてきた人々の生活の中から失われたものも大きかったといわざるを得ないのである。

5 真理思考法

合理主義思考法は物質現象界において有効に働く思考法であるといえる。そうした思考法により人々は死は無に帰すること、死ねば終りと考えていた。ところが、人間は内部的には霊であり、それは身体と同じような形をもっていて、死後には霊界へ入っていく、とスウェデンボルグは述べている。（「天界と地獄」４３３）。

前者の考え方によれば、生きているうちが花、生きているうちに自分がしたいことをした方がよいという生き方が生じることになる。ところが、後者の考え方に立つと、生きているうちには、好き勝手なことをしているどころではなく、自己自身のことを考えたならば、心の方向と心の在り方に気をつけないと、現在ばかりか、未来も全く暗いものになってしまうということになる。

前者の思考法は合理主義思考法であるが、後者は、仏教やキリスト教などに伝えられた真理に基づくため、真理思考法と呼ぶことにする。

合理主義思考法は、物質現象界が絶対普遍的な世界であり、「自由主義」と「個人主義」とが最大のキーワードとなっている。そうした思考法が生じてくるのは、人間の自由と自我、欲望、執着の強固なトライアングルの解放であり、優勝劣敗の論理が支配する自由競争社会の出現である。

人間は、そうした心の状態においては自己が自我、欲望、執着の強固なトライアングルに支配されているため、外部的物質的な対象に束縛されていて、心の自由が抑圧されているから、たえず現在の不安と将来の心配によって、悩まされることになる。

真理思考法は、人間は合理性の能力と自主性の能力（意志の自由）をもっているから、物質現象的なものと天界的なもののいずれをも選択できる自由を有し、自己から発したものが自己へ還るという個の考え方にある。それが真理思考法における「自由」と「個」に対する見方、考え方である。

真理思考法によれば、自由と自我、欲望、執着の強固なトライアングルは無制限に解放されるべきものではなく、「少欲知足」を知って、そのための自己制御を怠ってはならないということになる。

合理主義思考法においては、個の自由が最大限に保証されなければならないとしているが、個は絶対的なものではないし、自由の無制限な解放が束縛を生むことは前述したとおりである。

真理思考法においては、個は自分勝手な自由が物質現象的なものによる束縛を生じるが、我を捨てて、神と法に従う者あるいは他への愛に生きる者となれば、神と法の導きにより、大いなる自由を得ることが可能となる。そこにおいて個が確立され、真の自由が得られるとする。

合理主義思考法は、現世的物質的なものについて有効な思考法である。それに対して、真理思考法は、現世と死後の世界、身体と物質現象界、精神と霊界のすべてを含めた世界を対象にした思考法である。

合理主義思考法は、物質的なものの分析、判断には適しているが、人間精神を対象とすると、その限界を露呈する。例えば、人間精神の営みを脳の働きとしてとらえ、精神分析を行うと、かならず心の問題が出てくる。そこで、人間の心はどこにあるのかという素朴な疑問に突き当る。人間の心が脳にあるとすれば、心の働きはすべて脳の働きと対応していなければならない筈である。ところが、意識と潜在意識、記憶と忘却、眠りと夢といった心の働きは、脳の働きよりもずっと広範囲で大きい。現在の脳科学では、脳の働きが完全に解明されていないためとされているが、人間の心の働きには、脳の働きを超えたものがあることは確かである。

脳から心へ考えを進めるためには飛躍を必要としている。それは、脳と心、身体と精神の間には、かならずしも論理的に整合するものがなく、その間を結合する因果の糸も不明瞭であるからである。それが合理主義思考法と真理思考法の間にある深い淵のようなものかもしれない。そこを悠々と飛び越える人もいれば、その手前で逡巡する人もいれば、そのことに全く気づかない人もいる。

造化の妙という言葉があるが、現在の科学では、花びら一枚、鳥の羽根一枚すら創ることができない。合理主義思考法では、宇宙に存在するものはすべて自然によって創られたとしているが、はたして本当にそうだろうか。

宇宙の星々は、太陽や地球を含めて、物凄いスピードで運行しているが、彗星を除いて恒星や惑星の衝突は起っていない。自然には、宇宙を制御する能力があるということだろうか。

身体の中では、食べた食物が胃液で分解され、消化され、管に送られ、血管に吸収される。それは、血液を通じて管や内臓に送られ、心臓へ送られ、心臓から肺臓へ、肺臓から心臓の左心室を経て大動脈へ送られ、そこから枝管により全身の内臓へ送られている。こうした身体内の複雑、精緻な働きは、人間には全く自覚されないが、霊魂の秘かな働きに基づいている、とスウェデンボルグは述べている。（「神の摂理」２９６）。

これに続けて、スウェデンボルグは次のように述べている。

「人間はこれらの働きについては何事も認めず、解剖学に通じない者はそれについて何も知らない。しかも、これに類似した事柄が人間の心の奥所に起こっているのである。身体には何事も心によらないならば起こらないのである。なぜなら、人間の心は霊であり、霊は人間であり、唯一の相違は、身体内に行われるものは自然的に行われるが、心の内に行われるものは霊的に行われるということであって、両者は完全に類似している。そして、神の摂理は、無数の玄妙な方法で人間の中に働き、その不断の目的は人間を救うことであるため、人間を浄めることであり、人間は心の中に発見する悪を除去しなければならない。」

真理思考法は人間の内部的な浄化向上を目指し、人間の救いを目的としている。そのためには、人間は心の中に発見した悪を除去しなければならない。人間が悪を除くのに応じて、大いなるものから、善と真理が流入してきて、そうした目的へ向って導かれるからである。

人間は、自我を離れて無我へ近づくと、欲望を抑制するのに応じて、神と法から愛（慈悲）が流入し、執着を抑制するのに応じて、知恵が流入してくる。それは、人間が悪と誤謬を除くのに応じて、善と真理が流入してくることによるからである。

6 真理思考法の認識と実践

合理主義思考法は、合理主義思想と進歩の観念により、人間が自然を制御して、自然や人間関係や生活のすべてを合理的に判断していこうとするものであり、近代科学技術の進歩と相まって、人工的環境をつくり出し、緊張した人間関係を生み、ダイナミックな外向きな生活をもたらした。

合理主義思考法は人間の日常生活や社会生活における利便性、機能性、快適性を追求する思考法としてはすぐれたものであるが、しかし、人間の精神面や内部にかかわる問題、特に自由、幸福、宗教、霊魂といったものに関しては全く有効性を欠いていた。そのため、近代科学技術に対する盲目的な信奉と共に、合理主義思考法に基づく人間の行為が、自然環境の破壊、地球温暖化、人間関係の問題、人間の心の荒廃等をもたらしたのである。

そうした意味では、合理主義思考法はある限定された範囲内で有効なものであり、それを超えた人間の精神や内部にかかわる事柄については、別の思考法が必要とされる。

真理思考法は誰もがしてきた合理主義思考法を物質現象的なものに限定して、これまでの自己の生き方そのものを変えていこうとするものである。したがって、それは自己否定に近いような自己の在り方を変えることを必要としている。しかし、これを一挙に行うことは、むしろ危険であるから、真理思考法は合理主義思考法よりも広範囲な思考法であると考え、序々に認識の仕方や生き方を変えていくことがよいと思われる。真理思考法は物質現象界を対象とする合理主義思考法を含む、霊界をも対象とする広大な思考法であるからである。

何から始めるかと言えば、第一に、「第2章　3　心の在り方について」に述べた心の在り方を整えるところから始めなければならない。そこに述べたように、すべては人間の心がつくりだしているからだ。心の在り方を整えることについては、第5章に仏教の「八正道」を紹介する。

心の在り方は、「少欲知足」に基づいた自己制御によって整えられる。たえず自分の思うこと、考えること、話すこと、行うことに気をつけていなければならない。

第二には、「第2章　４　心の方向と心の在り方」に述べた心の方向が問題となる。人間は心が外部的物質的な方向へ向いていれば、自我、欲望、執着の強固なトライアングルが自由に解放されているため、自己への愛、世俗への愛にあって、外部の対象により束縛されて、心の自由が失われた状態にある。それに対して、人間の心が神と法、他への愛といった天界的な方向へ向えば、自我、欲望、執着の強固なトライアングルが抑制されるため、心が自由に解放された状態にある。

第三には、「第2章　６　愛の目的と用の秩序」に述べた「用の秩序」に従うことである。そこで述べたように、自己愛あるいは世俗的なものへの愛は、自分の心の中にある悪によるものであることを認識して、悪を避け、神と法への愛あるいは他への愛に生きるべく実践することである。

外部的なものに対する目的は、自我、欲望、執着の強固なトライアングルに基づくものであって、そうした手段の目的化は誤りであるから、外部的物質的なものは用を達成するための手段として認識し、自らの役割をはたすことに努めなければならない。認識が誤っていれば、正しい認識は行われないからである。このことは、人間の社会的生活と個人的生活を通じた、人間の生き方のすべてにわたっていえることであって、たえず自分が間違っているのではないかという自己を客観視できる視点と態度が大切なのである。

自己の外部的な目的を抑制して、そうしたことを手段として用をなせば、自己を誇ることも偽ることもなくなるため、自己を空しくすることができるから、その役割をはたすことによって、自己を浄化向上させていくことができる。

人間の目的は、外部的（世間的）な出世や成功にあるのではなく、自己の浄化向上にある。しかし、物質現象界においては、人間の感覚作用には外部的なものより他には把握できないため、人間は自我、欲望、執着の強固なトライアングルのために、顚倒に陥ってしまうことがある。

そうして外部的なものを目的化すると、たとえ出世や成功をおさめたとしても、心が物質現象的な方向へ向いていれば、内部は、停滞するか汚化堕落していくのである。ところが、外部的なものを手段として用と役割をはたせば、心が天界的な方向へ向くために、外部的な出世や成功とはかかわりなく、内部が浄化向上されていくのである。

神と法への愛は、自己を捨てて神と法に従うことである。又、他への愛は、自己を空しくして用と役割をはたしていくことにある。

その反対に、自己への愛は、自己が最大の者となることである。又、世俗的なものへの愛は、欲望と執着が強大になることである。それは、すべて自己がいずれの方向を目的として定めるかという愛の目的の問題なのである。それは心の問題でもある。

人間の思考法は心の問題なのである。

真理思考法は人間の心がすべてをつくり出しているとみる。物質現象的なものは心の反映なのである。自由と束縛、幸福と不幸、成功と失敗、損と得、上昇と下降、そうした人生における様々な事柄は、すべて人間の心がつくり出している。したがって、最初に心があって、その他のものはすべて後から起ってくるのだから、先ず心を整えることから始めなければならない。しかし、こうは言っても、心の方向と心の在り方とその結果現象の因果関係は、人間の感覚作用では把握できない霊的なものであるため、これは簡単に理解できることではない。それでも、たゆまず認識と実践を行っていれば、いずれわかる時がくるようになる。そして、心から発したものは心へ帰る。

心の問題として発して、返ってきたものも又心の問題なのである。したがって、人間は物質現象界を身体をもって生きているのであるが、そこで真に生きているものは人間の心であり、霊魂なのである。

大概の人々は、人間はこの身体が生きていると思っている。しかし、この身体を生かしているのは霊魂である。人間の本質は霊なのである。すべては心の作用であり、もし霊魂がなくなれば、人間は、動物と変らなくなり、音声を発するだけで、考えることも話すこともできなくなるであろう。

真理が説かれ、それに従って生きなければならないことについては、スウェデンボルグは次のように述べている。

「それは、その者たちが真理を学んで、その中にとどまるためである。なぜなら、真理がないならば、地獄の愛である彼らの生来の悪は遠ざけることができないからである。」（「啓示による黙示録講解」７０６）。

真理を学び、その認識と実践を行う生活が大切なのであって、すべてはその結果として生じてくることなのである。そして、その結果をよく認識し、実践すれば、真理思考法に基づく生活が自然に行えるようになる。

人間は、真理思考法に基づく生き方を心掛けて、身・口・意の三業によく気をつけていれば、導きを受けて、認識を誤ることなく、実践に努めることによって、安心と安定の生活ができるようになるのである。

第4章

人間の生き方

1 なぜ人間は生まれてくるのか

大概の人は、この世が、すべて死ねば一巻の終りと考えている。ところが、この世は虚構性、仮構性にあるといわれている。

そうした説は少数説にすぎないが、古今の聖人や哲人が皆同じことを言っている。その言わんとするところは、この世のものに対する欲望や執着を抑えて、真に生きる道に行きなさいということである。

この世が空しいものであれば、本当の世界がある筈である。それが人間が真に生きる世界である。

人間はどこから来てどこへ行こうとしているのかという根源的な問いかけがある。

この世、この肉体がすべてであって、身体が死ねばこの世の終わりと考えている人でも本当は何なのだろうかと心の奥で考えているのにちがいない。それは、死に対する不安や恐怖もあろうし、この世の不条理に対する疑問もあるだろう。

情実、賄賂、詐欺、嘘、盗み、脅迫、殺人等の暴力や犯罪の横行、ガン、脳溢血、心臓病、エイズ、新型コロナ・ウイルス等の病気や感染症、認知症・ノイローゼ・うつ病・精神分裂症といった精神障害、政治、行政、経営等の腐敗、婦女暴行・姦淫等の性的問題、家庭内暴力・アルコール中毒・離婚といった家庭問題、倒産、失業、労働争議等の雇用問題等、並べていったらきりがないほどの人間の悪徳と社会の混乱、これに事故や自然災害、経済恐慌、戦争、環境破壊等があるのだから、繊細な神経の持主ならば、人間社会からの逃避を真険に考えるのもむべなるかなである。

人間はそういう社会にずっと生きてきたのだし、時代が変わっても、人間がすることには変わりがないから、人間は同じように生き、死んでいくのである。

人間は、ユートピアを夢みて、パラダイス（天国）へ行きたいと願っているが、この世にはユートピアは存在しない。しかし、パラダイスはあるかもしれない。

霊界は人間のパラダイス願望による幻想だという説もあるが、しかし、人間が物質現象界に幻滅を感じ、何か別世界を求める気持があることは確かである。

人間の身体は母親の腹から生まれて死ねば土に還る。すべては、出たところから終われば元へ戻るのだろう。

人間は物質現象界と霊界に同時に生きるように創造されている、とスウェデンボルグは述べている。（「神の摂理」３０７）。

人間の霊は、霊界から物質現象界へ出てきて、身体が死ねば、霊界へ戻る。

霊界が人間の霊にとって本当に生きる世界で、物質現象界は仮の世界ということになる。

なぜ人間は最初から霊界に生まれないで、物質現象界へ生まれてくるのだろうか。

霊界では霊は生まれない。天界の天使も地獄の悪霊もすべて死後の人間の姿である。したがって、物質現象界は天界の苗床である、とスウェデンボルグは述べている。（「天界と地獄」３１１）。

「神的秩序は、途中で停止して、究極的なものもなしにそこに何かを形作らない――それは、そこでは完全と完成をもたないから――それが究極的なものに達すると、そのとき形をとり、そこに集められている手段により、それ自身を更新し、さらに増大させる。そのことは、生殖により行われている。それゆえ、究極的なものの中に、天界の苗床が存在している。」（「天界と地獄」３１５）。

先ずここで述べられている究極的なものの意味についてであるが、天界は人間の中に存在している、とスウェデンボルグは述べている。（「天界の秘義」３８８４）。

霊界は人間の内部にあるということである。そこから、物質現象界は霊界の外被を構成する究極的な世界ということになる。そして、神的秩序は内部の霊界を通って最端の究極の物質現象界に形を作り出している。それは、人間の生殖作用により行われ、太陽や地球の恵みといった効果的なものを手段として人類の種が保存され、たえず更新されているというのである。

人間は物質現象界において身体を形作ると同じように霊魂を形作り、そこにしばらく生きた後、用を終えた身体が死ぬと、霊魂は霊界へ入っていく。

人間が死後入る霊界は、霊たちの世界であるとスウェデンボルグは述べている。

「霊たちの世界は、天界でもなく、地獄でもない。それは、その二つのものの中間の場所または状態である。それは、人間が死後先ず入って行く場所であり、人間は、その定められた時の後で、世で送った生活に従って、天界へ挙げられるか、地獄へ投げこまれるかするからである」。（「天界と地獄」４２１）。

人間は、死後霊たちの世界へ入ると、次のようなことが行われる。

「人間は、霊たちの世界にいる間はまだ天界にも地獄にもいない。人間における天界の状態とは、人間の中に善と真理が連結することであり、地獄の状態とは悪と誤謬が連結することである。人間霊の中に善と真理が連結するとき、その連結が人間の中の天界であるため、人間は天界へ入る。しかし、人間霊の中に悪と誤謬が連結するとき、その連結は人間の中の地獄であるため、人間は地獄へ入る。この連結は霊たちの世界で行われる。そのとき人間は中間の状態にいるからである」。（「同４２２」）。

人間は物質現象界にいる間には、善と真理、悪と誤謬が連結していないため、天界の状態にも地獄の状態にもいない。それは、人間は物質現象的なものと天界的なもののいずれかを選択できる合理性の能力と意志の自由（自主性の能力）をもっているからである。

人間は、物質現象界に生きている間には、その霊はある霊界の社会にいるが、その心の状態に応じて、神の摂理により、霊界の社会を移される。人間は物質現象界において心が改良され得る状態にいるからである。しかし、人間の死はその終りであるため、死後にはもはや改良されることができないから、その生き方の結果に応じたある霊界の社会に定められる。

人間が身体的存在であると考えているとすれば、身体の死ですべてが完結するのであるから、物質現象界がすべてであって、その他に考えることもない。しかし、人間が身体的存在であるばかりでなく、霊的存在であるとみるとすれば、死後の世界を含めて、霊的存在として人間を考えていかなければならなくなる。

人間が身体的存在のみであれば、物質現象界がすべてと考えて生きることに何の問題もないだろう。そのためには、合理主義思考法で十分である。しかし、人間が身体的存在であると共に霊的存在であると考えると、合理主義的思考法だけでは足りなくなり、真理思考法が必要になってくる。それは、人間は身体的存在として物質現象界を生きているばかりでなく、霊として霊界に住んでいて、死後にはその世界へ入っていくからである。そうだとすれば、人間は身体的存在として物質現象界を生きていくばかりでなく、死後の世界を含めた霊的存在として生きていくことを考えなければならなくなるのである。

2 無知に生まれてくる人間

なぜ人間が物質現象界へ生まれてくるのかということについては、人間と動物の相違を比較してみるとよくわかる。

動物たちは生まれてくると本能的に何でも知っていることに驚かされる。

彼らは、食べてよい食物と食べてはいけない食物を知っていて、それらの食物をとる方法を知っている。また、味方と天敵を知っている。

彼らは、番いの相手を知っていて、一緒になると、営巣をし、何も教わらなくても、自ら子供を生み、育てる。子供が大きくなると、子供を追い出し、自活させる方法を知っている。

動物たちの本能的知識に比較すると、人間が全くの無知に生まれてくることがわかる。

人間の赤ん坊が本能的に知っているのは、母親の乳首をしゃぶるくらいのことで、後は教えられなければ何も知らない。

赤ん坊は、あるものならば何でも口に入れてしまう。食べてよいものと食べていけないものは、しつこいくらいに教えなければならない。

また、赤ん坊は敵も味方もわからず、どれほど獰猛な動物にも平気で手を出す。周りから注意しなければ食い殺されることにもなりかねない。

人間は、動物たちのようには、結婚相手を知らないし、家の作り方も知らないし、自分で子供を生み、育てる方法も知らない。若夫婦が育児書と首っ引きで子供を育てている姿はよくみかけることである。

動物たちは、生まれてきたときから生きるために必要なことは本能的にすべて知っている。ところが、人間は根本的な無知に生まれてくる。

人間は何事も教えられなければ何もわからない。しかし、人間は教えられると何でも知ることができる。

動物たちは生まれてきたときから死ぬまでそのままの本能的な能力や知識の中にとどまっている。だが、人間は無知に生まれてくるが、教えられるとあらゆることを知り、動物たちにできないようなことを憶えることができる。

人間は言葉を学び、道具の使い方を憶え、動物界には存在しない人間独自の文化と文明の世界を創り出した。いわば人間の学習能力と創造能力が人間の文化と文明を創出し、維持し、発展させているといってもよいだろう。

人間と動物の相違において決定的なことは、人間は死後霊となって霊界へ入っていくが、動物は物質現象界において生命を全うするということである。

人間は社会的事柄を学び、次いで道徳的事柄を学び、最後に霊的事柄を学ぶ。そして、死後霊となって霊界へ入っていくことになる。

この世は空性と仮性にあるが、中道に生きなければならないのは、物質現象界が人間にとって、自らの来世のための選択の場であるばかりでなく、人間が霊界からの流入と導きを受けて、そこへいざなわれていくことを意味しているからである。

人間がこうした状態に生まれてくるものとすれば、自然の本能のおもむくままに、即ち自我、欲望、執着の強固なトライアングルのなすがままに生きることは、決してよい結果をもたらすものではないだろう。なぜなら、そうした人間は、動物にはない合理性の能力と自主性の能力（意志の自由）を持ちながら、心の方向と心の在り方を整えることを怠ったために、そうした能力の誤った使い方をしてしまったからである。

人間に顚倒をもたらすものは、心の三毒と言われる貪《とん》・瞋《しん》・痴《ち》のうちの愚痴（無明、愚かさ）である。ほとんどの人間は、自分では何でも知っていると思っているから、自分が無明（根本的無知）に生まれてきていることさえ気づいていないからである。

人間が無知のままで、自我、欲望、執着の強固なトライアングルのあるがままに生きてしまえば、たとえ用をはたしたとしても、そうした霊界の社会につながれて、死後にはそこへ行くことになる。しかし、人間が無知を解いて、真理思考法を認識し、実践して、自我、欲望、執着の強固なトライアングルを抑制し、用を心がける生活が行えれば、天界の社会に導かれて、死後にはそうした社会へ入っていくことができる。

自主性の能力（意志の自由）は、あらゆるものを選択することができる自由であり、一番重要なのは、人間が生きる方向を選択する能力である。そして、正しい心の在り方を知って、合理性の能力によって、それを整えることである。

人間が如何なる者であるかは、すべて自主性の能力（意志の自由）により決定され、合理性の能力により創成された結果なのである。

人間は自主性の能力（意志の自由）と合理性の能力によって、自らの人生とその生き方を選択しているばかりでなく、そこにはたえず霊的流入と導きがあって、そこへいざなわれていくのであるから、この世がすべてと考えている限り、自分の無知にも、隠された真実に気づくことはないだろう。

人間はこうした様々な事柄のために、物質現象界に生まれてくる。この世は、人間にとってすべてではなく、仮のものであって、そこで学んだことが来世をもたらす。この世が人間にとってすべてであっては、時間的にも空間的にもあまりにもせせこましすぎるであろう。人間の生きる世界に比べたら、人間の心の世界ははるかに広大で豊かなものであるからである。

人間はこの世をあだやおろそかに生きることはできない。自我、欲望、執着のなせるがままに生きることは、すべて根本的無知によるものであるからである。

自己の無知に気づかないほど愚かなことはないだろう。霊的なものが一切隠されているのは、それが危険なものであるための他に、すべては人間の意志の自由によるものであるからである。それは、人間の内部に存在するものすべてにかかわっている。それが内部の自己によるものであるからである。

3　縁起とは何か

縁起とは、因縁生起《しょうき》ともいい、縁《よ》りて起ることである。

何々によって、何々が起るということであり、「相依性《そうえしょう》の法則」ともいわれる。

法（ダルマ）と呼ばれる。法則というのは、こうすればこうなる、ああすればああなるという公式で現わされる。

縁起は、「これ生ずるが故にかれ生ず、これ滅するが故にかれ滅す」という公式よりなり、現象の生滅の因果関係を述べたものである。

現象は、生滅変化するのが常であるが、その変化はでたらめなものではなく、一定の条件の下では一定の動き方をするものであるから、その動きの法則を縁起と呼んだのである。

「無明（根本的無知）によって行（業）があり、行によって識（認識作用）があり、識によって名色（身体と精神）があり、名色によって六処（眼耳鼻舌身意）があり、六処によって触（対象との接触）があり、触によって受（感受作用）があり、受によって愛（渇愛・激しい欲望）があり、愛によって取（強い執着）があり、取によって有（存在への執着）があり、有によって生（生への執着）があり、生によって老死が苦となる。」

「無明を滅することによって、行が滅せられ、それによって識が滅せられ、それによって名色が滅せられ、それによって六処が滅せられ、それによって触が滅せられ、それによって受が滅せられ、それによって愛が滅せられ、それによって取が滅せられ、それによって有が滅せられ、それによって生が滅せられ、それによって老死の苦が滅せられる。」

前者が起の縁起であり、後者が滅の縁起であるといわれている。

縁起が相依性の法則といわれるのは、何々が何々によりて生じもし、滅しもするといわれているように、二つのものが相依り合っているという性質を意味しているからである。

相依性の法則については、釈尊の高弟の舎利弟（シャーリプッタ）が次のように説いた。

「友よ、しからばたとえを説こう。識者はそのたとえによりて、所説の義を知るであろう。友よ、たとえば二つの葦束はたがいに相依りて立つであろう。友よ、それと同じく名色により識あり、識によりて名色あり……。かくのことがすべての苦の集積によりて起るところなのである。

友よ、もしそれらの葦束のうち一つを取り去ったならば、他の一つは倒れるであろう。友よ、同じく名色の滅によりて識の滅あり。識の滅によりて名色の滅あり……。かくのごときが、すべての苦の集積によって滅するところなのである」。（南伝相応部経典12、07「葦束」増谷文雄訳）

相依性の法則は、すべては他に依ってあるもので、一つとして独立固定した絶対不変のものはないということを意味している。

物事は無限の流動性、関係性の中に存在している。

現象の生成・変化・消滅は、すべて何かの条件によって生起するのであり、そこには因果の法則が働いている。

縁起とは、条件による生起の作用である。それは、その条件を変えることによって、生起せしめ、あるいは消滅せしめ得るということである。

この公式は、相依による関係性の原理を示している。

縁起（因縁生起《しょうき》）とは、「あらゆる存在は、様々な条件が相関しながら生起している状態にある」というものである。

仏教は、「人生とは何か」、「人間はいかに生きるべきか」を説くものである。

縁起の理法は人間的行為（業）の浄化のために説かれたのである。

人間の業は、身・口・意の三業よりなっている。

意業は意志と思考である。口業は言葉である。身業は行為である。

一般的な原理における因果の必然性が外部の原因と結果の関係であるのに対し、仏教における因果の必然性は内部的条件による原因と結果の関係にある。

業は内部の意志と思考を条件とするものである。意志という条件を変えることによって、業因が変り、その業果も変り得るものである。それが業因業果の法則である。

そこに人間の意志の自由がある。

縁起の理法は、人間的行為（業）における選択の自由と結果の必然を解き明かすものである。それは、縁起は無明に縁り行（業）が起る、といっていることから明らかである。

人間が無明にあって、意業（意志と思考）が働けば、そうした心作用が生じて、欲望と執着にとらわれて、生老病死の苦へ至らざるを得ない。しかし、人間が無明を滅して、意業が働けば、そうした心作用が生じて、欲望と執着を離れられるため、生老病死の苦を滅することができるというのである。

普遍的法則（相依性の法則）が人間的行為（業）として深められ、具体化されたのが十二支の縁起である。

無明から苦へ至る過程は、人間的行為（業）による心作用の分析であり、その解明であった。

当時のインドに広く流布していた業思想は、一般的な倫理思想から、人間存在の根本を明らかにする真理（法）にまで高められたのである。

4　心の世界と苦の克服

縁起の理法においては、老死によってすべての人間的苦悩が代表されていると述べたが、仏教における代表的なものとしては、四苦がある。

老死の他に生《しょう》と病を加えて四苦となる。病気が苦であることは説明を待つこともないだろう。生とは生れてくることである。

仏教では、生まれてくることが苦だといっている。人間はこの世に生まれてきたことが既に苦なのである。

それでは生の滅とは何か。

生を滅することによって老死の苦が滅するといっている。そして、その原因をたどっていけば、すべては無明に由来するといっている。したがって、無明を滅すれば、生まれてきたことが苦でなくなる。ということは、生まれてきたことが苦なのは、無明にあるからである。これは起の縁起にあるためである。それに対して、滅の縁起にあれば、苦を滅した正覚者は輪廻を解脱して、再び生まれてくることはない。

縁起は、無明から苦へ至り、そして苦から無明へと再び輪廻していく。したがって、輪廻転生によって、生まれてきたことが苦なのである。しかし、輪廻を解脱している正覚者は再び生まれてくることはないということである。

仏教が求めたのは苦の克服である。

人間はこの世に生まれてきて、病気にもなり、老いもし、死んでいく。こうした世の理《ことわり》からは、人間は逃れることができない。しかし、そうした世の苦しみを克服する道があることを仏教は説いた。生まれてきたことが苦しみとならず、病気になっても苦しむことなく、老いが苦しみでなく、死が苦しみでない道である。

生老病死はすべて身体的な苦しみである。

身体が生まれて、病気になり、老いて、死んでいくことにより、苦が生じる。

すべての苦の原因は無明にある。

生老病死は身体的な現象であるが、苦しむのは心である。心が無明を解き、悟りを得て、色（物質及び身体）にとらわれなくなれば、苦しみを克服できるというのである。

それがニルヴァーナといわれる涅槃寂静の境地である。これは、自由自在な大安心の心である。自由自在な融通無碍《ゆうづうむげ》の心とは、障りのない、何ものにもとらわれない自由な心である。

大安心の心とは、いつものんびり暮していられるということではなくて、何があっても泰然自若としている揺ぎない心である。

身体が苦しんでも、心は苦しんでも苦しまないということである。身体が苦しめば、心は苦しむ。しかし、心は無明を解脱して、自由自在な大安心の境地にあるから、苦しんでも苦しまない。

心が苦しむのは、無明にあって、業にこだわり、認識作用、感覚作用、対象との接触、感覚作用にとらわれ、欲望を抱き、執着し、存在と生にとらわれて、老死について何も知らないからである。

物質現象界は二元相対の世界であり、人間は物質現象界を身体を持って生きると同時に、その霊は霊界にいる。

一方に身体と物質現象界があり、他方に精神と霊界がある。ところが、人間はわが身体と物質現象界がすべてと思っているために、そうしたものにとらわれた生き方をしているから、心が苦しむ。

人間は身体的なこと、物質的なこと、現象的なことにとらわれているために、心のこと、霊的なことに全く無知で、気をつけないから、心が苦しむ。

一方にばかりとらわれて、他方についてあまりに無知で、気をつけないために、人間は苦しんでいるのだといえよう。

日常生活においては、身体的なこと、物質的なこと、現象的なことを第一に考えなければならない。しかし、一人になれば、そこにいるのは自分だけである。表面的な自己が消え、内部の自己が現れてくる時である。

そこにおいて心の世界が現れてくる。まさにそれは非日常的な世界であるといえよう。身体が生まれて、病気になり、老いて、死んでいくということは、心が生まれ、病み、老成し、死にいくことでもある。しかし、身体に関する事柄は、いくら努力しても限界があるが、しかし、心に関する事柄は、認識し、実践すれば、心を養い、鍛練し、苦を克服していくことが可能なのである。

われわれ人間は、日常生活においては身体的物質的限界の中で自分の分を弁えて生活せざるを得ない。しかし、非日常的な心の世界においては、自由に無限に自己を高めていくことができる。外部的物質現象的な対象にとらわれた心を自由に解放してやれば、内部的な心は自由に飛翔し、驚くほどの高みにまで達する。

人々が漁り尽くし、今なお競争をやめようとしない物質的限界の世界に何かを求めるよりも、人に荒らされていない自由と安心の無限な心の世界に向う方が、ずっと素的な冒険ではないだろうか。

心の世界には、汲めども尽きせぬ豊かさと何ものにも制約されない自由さと大いなる導きによる安心とがある。しかし、これはあくまで天界的世界であって、地獄の世界には、暗黒と荒廃、支配と束縛、不安と恐怖が渦巻いている。

安易な瞑想法、誤った信仰、未熟な霊的行為等は、非常に危険である。心の世界に近づく前には、心の防御を固めることを学ばなければならない。それには、「第3章　人間の思考法」に述べた真理思考法を認識し、実践する必要がある。

真理思考法には、⑴心の在り方、⑵心の方向、⑶用の秩序をあげた。

心の方向は、人間の意志の自由に基づく選択の問題である。人間が心の世界にかかわる場合には、心の方向が問題になる。

人間の心の方向が自己と物質現象的なものへ向いていれば、自我、欲望、執着の強固なトライアングルにより、自己がとらわれ、支配されているため、様々な苦しみを受けることになる。それに対して、心の方向が天界的な方向へ向いていれば、自我、欲望、執着の強固なトライアングルを抑制し易くなるため、様々な苦しみを克服することができるようになる。それは、すべて人間の意志の自由（自主性の能力）に基づく選択の結果なのである。

生半可な知識はない方がましだし、生兵法は大けがのもとである。霊的な事柄については、中途半端な知識やいい加減な修行によって近づくと身を滅ぼすことにもなりかねないほど危険なものである。

興味本意に心の世界や霊的なものに近づくことは危険である。悪霊は人間を破壊することに喜びを感じている、とスウェデンボルグは述べている。（「天界と地獄」２４９）。

心の在り方を反省し、それを改めて、整え、心の方向を定めて、用の秩序に従う真理思考法を認識し、実践しなければならない。そうすれば、物質現象界の対象に向けられた心が離れ、自由になるのに応じて、自然に心の世界が開かれてくる。人間は、心の在り方、用の秩序に従う度合に応じて、導かれるからである。

5 身体と精神の関係・条件

前項に、一方に身体と物質現象界があり、他方に精神と霊界がある、と書いたが、その関係について考えてみたい。

人間は身体を持って、物質現象界を生きているが、人間には体内時計がある。

動物にも体内時計があって、夜行性の動物は普通の動物と夜と昼が反対になっている。それは、空腹と眠りが時間的規則的に繰り返されていることでわかる。

地球上の時間は、太陽の平均角速度をもとにして定められている。１日は24時間、１年は３６５日と４分の１である。

時間は一定であるが、人間には心的時計といえるものがあり、これが物理的時間よりも速く進めば、実際の時間よりも遅く感じるるし、逆に心的時計が遅く進めば、実際の時間より速く感じる。

時間は一定であるが、人間の心的時計は年齢に応じて変化している。

子供の頃は、心的時計は物理的時間よりも速く進む。子供が落着きがなくたえず動き回っているのは、一つにはそのせいである。したがって、子供の一日は非常に長い。

若者は、心的時計と物理的時間の進みとがほとんど一致しているから、彼らの一日は長くも短くもない。青春時代の一日が充実しているように思えるのは、内部と外部が幸福な一致をみていることにもよるだろう。

ところが、歳をとると、心的時計は確実に遅れ出す。老人の一日は短く、月日の経つのが早く感じられるようになる。

若者と老人の相違は、その身体を見れば誰にでもわかる。

若者の身体は、筋肉に張りがあって、鍛練をすれば苛酷な条件にも耐えられる。彼らは物質現象界において、素晴らしい適応能力を持っている。ところが、歳をとると、身体は確実に衰え、次第に物質現象界における適応能力を欠いてくる。

人間は身体と共に精神を持っている。眼には見えないが、人間の精神を否定することはできない。

若者に精神についてたずねてみると、ほとんど答えになっていない。若者は精神の存在すら考えないほど精神的に幼稚なのだろうか。いやそうではなく、身体的に充実している若い時代には、まだ精神がその形をはっきり現していないからである。

精神がその姿を明確に現すのは、身体が少し衰え始める年齢においてである。そして、身体と精神がもっとも均衡するのは、30代の終りから40代の始めである。だいたい登山隊のリーダーや宇宙飛行士はその年齢の人の中から選ばれるのが普通である。身体的にも充実し、経験や知識も豊富で、精神的にも安定している年齢だからだ。

老人になると、身体が確実に衰えてくる反面、精神が非常に充実してくる。老人はか弱い身体にすぐれた精神を持つ不思議な生き物である。ただ、老人は外見的には弱ったみすぼらしい身体しか見えないが、しかし、精神は輝いた光を放ち、驚くほどの高みにまで達することができる。

若者はもの覚えがよく、新しい物にも柔軟な適応力を示す。若者は自動車の運転やパソコンをすぐ覚え、上手に使いこなす能力を持っている。ところが、歳をとると、もの覚えが悪くなるばかりか、物忘れもひどくになる。

歳をとると、現実に適応する能力を失ってくるようでさえある。これは物質現象界を生きる能力を失ってくるようにも思える。

人間は成人に達すれば、年齢が若いほど現実適応力にすぐれ、物質現象界に適応していく能力を持っている。

人間が歳をとると、物質現象界における適応能力を失い出し、その反面、精神面においては非常に充実してくるというのは、一体何を意味しているのだろうか。

これは、ひとえに人間が外部的なものから内部的なものへ、身体的存在から霊的存在へ移っていくことの証しのようにも思える。

人間は歳をとって衰えてきた身体が使いものにならなくなると、それを捨て、死後は霊界へ入っていくのだろう。そうだとすると、人間が物質現象界で過す短い期間は、霊的なものになるための準備期間であるともいえるだろう。

人間にとっては、物質現象界は生を受け、精神的に成長するための世界であって、人間が本当に生きる世界は霊界にあるのかもしれない。

物質現象界は天界的なものと地獄的なものが混在する二元相対の世界であるが、人の眼からは霊的なものがすべて隠されている。そして、霊界は天界と地獄に分れていて、人間は物質現象界の生き様に応じて、それぞれの霊界へ入っていく。

このようにみれば、一人ひとりの人間が物質現象界において、その生き方が試されていることが明白である。

物質現象界の対象に心が縛られ、自我、欲望、執着のおもむくままに生きてしまえば、心は顛倒されたままである。しかし、そのことを反省し、物質現象界の対象から心を離し、自我、欲望、執着の強固なトライアングルを抑制した少欲知足の生き方をすれば、心は自由に解放され、天界的なものへ向うだろう。

子供や若者が霊的なものに興味を持つのは、その身体と精神との関係条件から考えてもどこかおかしい。子供や若者は、そのあり余る身体エネルギーを活かして、思う存分物質現象界を生きるべきである。しかし、歳をとって、身体が衰えてきたならば、その分、精神の力が強まってくるのだから、いつまでも身体や物質に執着しているのがおかしいのであって、霊的に生きることを考えなければならない。

人間には年齢に応じた生き方があって、子供は子供らしく、若者は若者らしく、壮年は壮年らしく、老人は老人らしく生きるのがよい。そのらしくということが、身体と精神との関係条件の中で考えられなければならないということである。

内部（自我、欲望、執着の強固なトライアングル）が外部（物質現象界の対象）に縛られて、心が苦しむのは、人間の無明（根本的無知）によるのだから、身体と精神が均衡のとれるような年齢になったならば、宗教や哲学に関心を持ち、真理思考法を学んで、その認識と実践にはげむことが望ましい。

6 人生期の生き方

「第2章　1　用と人生期」に青少年期、壮年期、老年期におけるそれぞれの用について述べた。

青少年期においては、前世のものが残照のように反映していて、そうした影響の下にあるから、物質現象界に少しでも早く適切に対応していくためには、よく遊び、よく学ばなければならない。

　そうした対応がうまくいかなかった子供や若者が、いじめや失恋を苦にして、簡単に自殺してしまう例がある。それは、彼らが物質現象界に対する執着心が未成熟で、大人に比較すると、死に対する意識が稀薄なためである。彼らには、大人にとっては難しいことが、非常に簡単なことなのである。大人には、死に対する恐怖や不安はとても大きいが、それは物質現象界に対する欲望や執着のせいでもある。しかし、子供や若者には、そうした恐怖や不安の壁が非常に薄いために、容易にその一線を踏み越えてしまう。それは、青少年が物質現象界に対する欲望と執着がまだ強いものとはなっておらず、その価値にも気づいていないからである。

　そうした意味においても、青少年期は、身体的には成長期にあるのだから、遊びやスポーツを通して、現実適応能力を養うことが大切である。そのために、青少年期には、遊ぶことと学ぶことがその用となっている。

　壮年期は、身体と精神が均衡した関係条件におかれているために、現実適応能力が最もすぐれているから、今世の用をはたすことが求められている。そして、その用をはたすことに生き甲斐が生まれてくる。しかし、今世の用をはたすことに熱中する結果として、出世や成功に心がとらわれて、自我、欲望、執着の強固なトライアングルのおもむくままに生きてしまうことになる。

　壮年期は、用の秩序に従って、今世の用をはたすと共に、心の在り方を整えなければならない重要な時期である。そこにおいて、真理思考法の認識と実践が行われなければならない。

　老年期は、現実適応能力が次第に弱まってくるために壮年期における今世の用から序々に解放されて、自分の本当に好きなことができる時期である。それが来世の自分の姿であるかもしれない。

老年期は、今世の用から解放されるばかりでなく、自我、欲望、執着の強固なトライアングルを抑制することによって、社会的なしがらみや様々なとらわれからも自由になることができる。そうして自分の本当に好きなことができる時間や余裕を持つことができるようになる。いわば精神的な自由を得て、世の中のしがらみからも離れ、これまで蓄積してきた物質的な資産や精神的な糧を自由に使える人生の収穫期であるといえよう。それができないというのは、壮年期において、物質的にも精神的にも、十分な蓄積を欠いていた結果であるかもしれない。

人間は、青少年期、壮年期、老年期において、その時期でなければできないことがある。

子供の頃に遊びの時代を経過していない少年が大きくなってから、手のつけられない人間になったりするのは、少年は少年らしく、青年は青年らしく生きなければ、後の時期にその清算を持ち越すことになるからである。それは、すべて人間の意志の自由に基づく選択の結果なのである。

身体の衰えた老年期に病気に苦しむことになるのも、壮年期の過ごし方に問題があったことによるといわれている。

人間は時期に応じた身体と精神と用との関係条件に置かれているのだから、それに適切にしたがっていくことによって、身体と心の健康が保たれ、人生が充実し、その内部が浄化向上されていくのである。

自我、欲望、執着の強固なトライアングルに占められた心を抑制して、身体と精神と用との関係条件にしたがっていくことは、用の秩序にしたがっていくことである。このことによって、外部世界における結果現象にも、人間関係にも適切に対応できるようになり、身体と精神と用との関係条件も適切なものとなるため、自己の内部が浄化向上されていくのである。

人間は用の秩序に従って選択の自由を行使すれば、大いなるものの導きが受けられ、内部が向上されていくのであるが、その始まりはすべて意志の自由にある。すべては自己に始まり、自己へ帰るからである。

人間は自我、欲望、執着の強固なトライアングルにしたがって生きることが最も容易である。それは自己の感覚作用、認識作用、感受作用でとらえられる外部世界に最もよく適応しているように思われるからである。しかし、それが無明であって、人間は感覚作用、認識作用、感受作用を超えた世界を感じ取り、真理思考法に基づいて、自我、欲望、執着の強固なトライアングルを抑制して、生きなければならない。それが身体と精神と用との関係条件に適合した用の秩序の支配する世界をよりよく生きることなのである。

人間は無明という悲しい性《さが》に生まれてくるのであるが、無明を解くことによって、そうした性《さが》を克服し、本来の人間になることができる。本来の人間に生まれ変れば、自我が無我へ近づき、欲望を抑制することによって、愛（慈悲）に満たされ、執着を抑制することによって、その分、知恵が満たされる。

自我、欲望、執着の強固なトライアングルは、人間の固有性であるが、人間はそれらを離れるのに応じて、無我、愛（慈悲）、知恵の高貴なトライアングルの天界的な世界へ近づくことが可能なのである。

人間は誰でもそれだけの素質を持って生まれてくる。しかし、それをなし得る道に入るか入らないかは、すべて人間の意志の自由の問題に始まる。すべては最初の一歩に始まる。そしてその歩先がどこを目指しているかが問題なのである。

最初の歩先が間違っていれば、後はどれほど正しく生きてもすべては間違いに終ってしまう。それも無明のなせる業《わざ》である。

一方に身体と物質現象界があり、他方に精神と霊界がある。そのいずれもが人間にとって真実なのである。一方のみで、他方を知らないのが無明であり、他方のみで、一方を無視すると、世捨て人になる。一方に生きながら、他方にも生きていることを知ることが求められている。

人間が身体と物質現象界のみに生きることは、その人生は浅薄で狭小なものとならざるを得ない。それは、自分限りの物質的限界の世界にとどまるからである。しかし、身体と物質現象界の他に精神と霊界に生きることで、その生き方が深みを増し、広大なものとなって行くだろう。それは、自分一個の物質的限界を超えた無限と永遠の世界に連なることになるからである。

人間自身は小さな存在に過ぎない。しかし、人間は大いなるものに連なる小さな存在である。小さな存在にとどまるか、大いなるものに連なる小さな存在となるかは、人間の意志の自由の問題である。人間は外部の対象に対するとらわれを離れて、自我、欲望、執着の強固なトライアングルを抑制して、用をはたし、真理思考法を認識して、実践し、少欲知足に生きれば、無我、愛（慈悲）、知恵の高貴なトライアングルを形成することによって、本来の人間になることができる。

それが物質現象界をよりよく生きることであると共に、大いなる導きを受けることによって、苦を克服し、安心と安定を得る道である。

第5章

中道と観念の世界

1 中道の認識と実践

釈尊は快楽と苦行の両極端を捨てて、中道を悟ったと言われている。

釈尊は釈迦国の王子として生れた。

釈尊は29歳の時、宮廷と妻子を捨てて、出家して、遍歴修行者となった。

悟りとは求めて得られるものではないようである。釈尊は7年近く禅定と苦行にはげんだのであるが、到頭求めるものが得られなかった。ところが、精神の極度の集中あるいは身体をさいなむ苦しみによる求道を放棄し、そうしたことから解放されて、静かな自由な心で瞑想している時に、悟りは向こうからやってきたのである。

釈尊は快楽の生活と苦行の生活の両極端を経験し、その無意味さを知って、それを捨て、悟りを開いて、中道へ到達したのである。

快楽とはもろもろの欲望に溺れることであり、下劣にして卑しい凡夫の所行である。また、苦行はただ苦しいばかりで無益な所行である。

人間は苦を避け、楽を求めようとする。ところが、楽を求める欲望は、苦を生じる原因となるから、楽を求める限り、苦楽の輪廻から逃れることができない。そこで、楽を超越し、苦を滅する中道を実践することにおいて、真実・絶対が明らかとなり、涅槃寂静へ到達できるといわれる。

仏教では四諦説が説かれている。

四諦説では、人間の生活を苦として把握し（苦聖諦《くしょうたい》）、苦を滅するためには、欲望を離れて無執着とならなければならないとし（苦滅聖諦《くめつしょうたい》）、そのためには八正道を行じなければならない（苦滅道聖諦《くめつどうしょうたい》）としたのである。

四諦説は苦を滅する目的のためには、苦の原因となっている欲望を抑制しなければならないから、それには八正道を行じるべきだ、といっている。したがって、八正道を行じることによって、「第２章　３　心の在り方について」に自由な心の保持に述べた「少欲知足」の生活が実践できるようになる。

仏教においては、人間の生活を苦として把握し、苦の原因が欲望にあるとして、欲望を離れ、中道を認識し、実践することによって、無苦安穏の生活を送ることを理想とした。したがって、「少欲知足」の生活がその理想に近づくための一つのメルクマール（道標）になる。

中道とは釈尊の説いた八正道である。

八正道とは、正見《しょうけん》、正思惟《しょうしい》、正語《しょうご》、正業《しょうごう》、正命《しょうみょう》、正精進《しょうしょうじん》、正念《しょうねん》、正定《しょうじょう》の聖なる八つの道である。

中道とは正道と同義である。

中道という真理を行動の規準として自己の在り方を認識し、実践していくのである。その正しい規準が八正道として示されている。

一、正見《しょうけん》　正しい見方

縁起の理法などの正しい世界観、人生観による正しい見方を認識し、実践する知恵である。

二、正思惟《しょうしい》　正しい思考

思うこと、考えることが中道をはずれず、正しくあるかどうかを反省し、実践する。これは、思考作用が貪欲《とんよく》（むさぼり）、瞋意《しんい》（いかり）、愚痴《ぐち》（おろかさ）などの煩悩の働きを離れていることだとされる。

三、正語《しょうご》 正しく話すこと

話すことが中道をはずれず正しくあるかどうかを反省し、実践する。妄語（うそ）、悪口（わるぐち）、両舌（中傷）、綺語（巧言）を離れることとされる。

四、正業《しょうごう》 正しい行為

行うことが中道をはずれず、正しくあるかどうかを反省し、実践する。仏教では、不殺生《ふせっしょう》（殺してはならない）、不偸盗《ふちゅうとう》（盗んではならない）、不邪婬（不倫行為をしてはならない）といっている。なお、思うこと、考えること、話すこと、行うことは、仏教では、身・口・意の三業と称している。人間は業によって作られるのであるから、正思惟、正語、正業には、いつも気をつけていなければならない。

五、正命《しょうみょう》 正しい生活

法を守り、毎日の生活をすること。正しい仕事、正しい生活を実践することである。

六、正精進《しょうしょうじん》 正しい努力

法に基づいた正しい精進、努力を実践することだとされる。

これは八正道という実践にはげむことが既に精進の道であるが、特に悪を除き、悪を防ぎ、善を生み、善を育てるように努力することだとされる。

七、正念 正しい思念

人間は思うところ、念ずるところのものになるといわれている。したがって、法に基づいた正しい思念をもつように実践することが大切である。

人間の生活には生きる目標がなくてはならないが、正しい目標を心に抱いて、それに向かって努力することが正念の働きである。正精進の前提には、かならず正しい思念がなくてはならない。正念が間違っていては、いくら正しく精進しても、間違ったものになってしまうからである。それは毎日の生活の中で実践されていくものであるから、正念と正精進の生活が正命（正しい生活）ということになる。

八、正定《しょうじょう》　正しい瞑想

法に基づいて、心を整え、瞑想することは、心の落着き、安定を生む。日常生活においても、瞑想の静かな時をもつ心の余裕を失わないことが大切である。そうした心の安定を日常生活でも実践することが正定の意味するところである。

「第2章　3　心の在り方について」に述べた心の在り方を整えることは、八正道を認識し、実践することによって、整えられるものである。

「心の在り方について」には、①心の点検、②自由な心の保持、③心の方向転換について述べた。そうした心の在り方は、八正道を認識し、実践することによって整えられる。それは、八正道が人間の心の様々な面にわたって検討を加え、その正しい在り方を示しているからである。

2　苦と心の問題

仏教では、人間の生活を苦として把握しているのであるが、「第4章　4　心の世界と苦の克服」に、生老病死の四苦をあげた。仏教では四苦八苦という。

生老病死の他に、怨憎会苦《おんぞうえく》、愛別離苦《あいべつりく》、求不得苦《ぐふとっく》、五蘊皆苦《ごうんかいく》の四苦が加えられて、四苦八苦といわれる。

怨憎会苦は、嫌なものと出会う苦しみである。

どこに行っても、かならず嫌な人がいるといわれる。近所にも、職場にもかならず嫌な人がいる。

また、乗物に乗っても、買物に行っても、食堂に入っても嫌なことに遭う。それが人との競争、人との利害の対立、人と反りが合わないということになると、大変な苦しみである。

愛別離苦は、愛するものと別れる苦しみである。

幸せは長く続かないといわれるが、どんなに愛し合っている仲でも、いつかは別れなければならないのが人と生まれた理《ことわり》である。様々な条件の変化が、究極的には死が、人と人とを離別させる。これほど悲しく、苦しいことはない。

求不得苦は、求めるものが得られない苦しみである。

望んだ学校に入れない。希望する就職先へ進めない。うだつが上らない。結婚ができない。

求めるものが手に入らない。たえずフラストレーション（欲求不満）に置かれているのが人間の生活かもしれない。

五蘊皆苦は、人間存在を構成する要素である色（身体）、受、想、行、識（心作用）は、すべて苦だというのである。

五蘊については、「第1章　5　空を観じる知恵」で説明した。

これらの苦しみに共通しているのは、自分の思い通りにならないという苦しみである。苦（ダッカ）の原意は、思い通りにならないということである。

嫌なものに会いたくないと思っても会ってしまう。愛するものと離れたくないと思っていても別れることになってしまう。求めるものがどうしても得られない。自分の身体と心が自分でもどうにもならない。前述したように生老病死はすべて身体的な苦しみである。その他の四苦についても、物質的現象的な苦しみである。

そして、苦しむのは心である。

仏教では、苦の超克は、四諦説にあるとおり中道の認識と実残により行われるとされている。具体的には、八正道を認識し、実践することである。したがって、中道を認識し、実践することによって、心の苦しみを克服できるというのである。

中道とは、まさに心の問題を解決する道なのである。

中道を認識し、実践したからといって、四苦八苦がなくなるわけではない。依然として、われわれ人間には、思い通りにならないことばかりなのである。

四苦八苦は、身体的物質的現象的な事柄であるから、われわれ人間が物質現象界に生きている限り、続くものである。

「第４章　４　心の世界と苦の克服」には、身体が苦しんでも、心は苦しんでも苦しまない、ということを述べた。それは、四苦八苦がすべて心の問題である以上、苦しむ心を苦しまない心に転換していけばいいということである。それが中道を認識し、実践することによって、もたらされるのである。

四苦八苦の原因が無明にあるからには、自己の在り方、生活の仕方を根本から変革しない限り、苦楽の輪廻から抜け出せない。それは、ほとんど自己否定に近いほどの自己変革を必要としている。しかし、それは急激に行うことは危険であるから、序々に自分が受け入れられる形で行っていかなければならない。非常に長い時日を必要とするかもしれないが、忍耐強く、認識と実践を続けていくことが何よりも大切である。その中に既に人間がよりよく生きるということが含まれている。

不思議なもので、霊的なものは正しく近づくものには正しい道を開いてくれるが、誤った方法で近づくと誤った方向へ引っ張っていかれてしまう。その典型的な例が真の信仰と誤った信仰に現れている。それは、霊的なものには、天界と地獄という二元相対の存在があることの結果だとみられるからである。

霊的なもの、あるいは天界と地獄を否定することは易しいが、自分が知らない間に地獄の軛につながれてしまっていることに気づかないのは無明のしからしむところである。正見にあれば、霊的なものとのかかわりを始めとして、自らの有り様を自ずと知るところとなるからである。

霊的なものの危険さは何度言ってもよいだろう。かならず自己の心の在り方を整えることから始めなければならないのはそのためである。

宗教、信仰、霊的なものは、生半可な知識や中途半端な態度では決して行ってはならないものである。近づくものの心に応じた世界がかならず開かれてくるからである。

ノイローゼや精神障害を起こした人には、かならず同じような心の状態の悪霊がきている。心の病気が直りにくいのは、地獄からの働きかけが行われていて、たえず引き込まれているからである。

身体の病気についても、不摂生やウイルスの感染によって、病気になると、その病気に相応している霊たちが憑依して、その病気をさらに悪化させる、といわれている。(「霊界日記」４６４より)。

心の問題は、霊的なことに深くかかわっているということである。これは、人間の本質が霊であるからに他ならない。

宗教的修行者でも信仰者でも、霊的なことを全く知らない人もいる。知らなければ知らなくても済むのである。興味本意やいたずら半分の半端な気持で、霊的なものに近づくのが危険だといっているのである。心の問題は、自己の心から出たものが自己へ帰るということなのである。

現在の苦しみをつくったのは、過去の心の在り方なのである。そして、現在の心の在り方が未来の苦楽をつくり出している。

外部的な対象に心がとらえられていれば、何もみえてこないだろう。外部的な対象に向いた心を自らの内部へ向け、自己の心の在り方を静かに反省した時、物事の本質に少しずつ眼が開かれていくのである。すべては、心の方向と心の在り方によって、変ってくる。心が世俗的なものにまみれて、そうしたものへ向いていれば、世俗的なもの以外のものは何も生じようがない。しかし、心が世俗的なものを離れて、天界的なものへ向けば、天界的なものが少しずつではあっても現れてくる。それが心の基本法則である。

世俗的なものにどっぷりつかっていれば、霊的には悪霊や魔がきていて、善霊や天使が離れている。これでは、善霊や天使がいて、人間を助けたくても助けることができない。すべては自業自得、自己から出たものが自己へ帰ってきているのである。自己の業が招いた結果は必然的に自己が引き受けることになる。これは、自己のなした結果であるから、どうあがいても逃れられないということである。

人間は、あまりにも自己の心を知らなすぎるし、自己自身を知らなすぎる。そのために、心の在り方を整えるどころか、自己自身の心をかえりみようともしない。これでは、自身の心がどうなっているのか知る由もないだろう。

人間はもっと自覚的に生きるべきである。書物を読んで、論じたり、書いたりするばかりが知的な行為ではない。

真に自覚的に生きることが知的に生きることなのである。人間は知の一点において万物の霊長であるからである。

3 物と心の関係

修行僧は、衣一枚を身にまとい、洞や僧院に寝て、托鉢に歩いた。人間には必要な時に必要なものがあればよいのであって、必要以上のものを持つと、そのことに心をかけなければならなくなるからである。

物と人間の関係は、人間が物質現象界に生きている限り続くものである。

修行僧が山野に独居して、あるいは僧院の集団生活の中で、修行を積み、煩悩が滅却された段階まで到達できたので、街へ帰った。ところが、数日を過ぎずして、美しい女や旨そうな食べ物を見ると、煩悩が涌いてきて、たちまち元の自分に戻っていることに気がついた。そして、普通一般の生活の中で、煩悩が滅却されていなければ、真の悟りの段階ではないことを思い知った。

金持と貧乏、美女（男）と醜女（男）、社長と平社員、これらはすべて観念の事柄である。しかし、誰もが悪いものより善いもの、醜いものより美しいもの、下のものより上のものをよきものとして求める。

事実は観念の事柄にすぎないのだが、人間の自我、欲望、執着の強固なトライアングルが人間をして眼に美しい、心に楽しいものを求めさせる。

絵画や音楽などの芸術作品に対する審美眼、古代遺跡や宝石などの貴重な物に対する鑑定眼、その他稀少生物や美しい景観などの保存されるべき物に対する価値観などは、人間の心を豊かにするものである。しかし、美術品に対する専有欲、金儲けのための出土品や稀少生物の取引、遺跡や景観の破壊などは、人間の心を醜くするものであるだろう。

だからといって、金持よりも貧乏がよく、美女（男）よりも醜女（男）がよく、社長よりも平社員がよいというわけではない。

金持と貧乏はその人の置かれた状態であって、そうした中でどう生きるかがその人に問われている。金持になったからといって、いい気になって、湯水のごとく金を使ったところで、心を汚すばかりのことだろう。あるいは、貧乏に生まれて、みっともないと思い、いじけた心をつくってしまってはその人の負けである。金持とか貧乏とかいう状態に負けない強い心をつくることが問われている。

顔や身体が美しいとか醜いとかいうことは、その人間の持って生まれたものである。そうした家系に生まれてくるのには、それ相応の理由があってのことであって、謂れなき苦しみはこの世には存在しない。そうした原因は、その人間の心にあるのだから、いたずらに誇ったり、あるいは嘆いたりすれば、かえって心を曇らせてしまうことになる。心の修行を積めば、かならずそうした思いを脱却して、美しい心を得ることができる。

社長と平社員の地位の上下は、役割の相違であって、偉いとか下っ端とかいうのは、人間の価値観がつくりだしたものだ。そうした価値観は、自我、欲望、執着の強固なトライアングルの現れである。社長は平社員の仕事ができないし、平社員には社長が務まらない。しかし、社長だけでも平社員ばかりでも会社は立ち行かなくなる。それぞれがそれぞれの役割をはたすところに、組織が円滑に機能し、会社の繁栄がある。

物資的なもの、現象的なものは、すべて人間の心がつくり出したものである。ところが、そうしたものがいったんつくり出されてしまうと、今度は人間の心がそうしたものに引きずられてしまう。人間は支配者であるべき筈なのに、今や人間は、物の奴隷にされてしまった観さえある。

近代社会は物の生産、流通、消費により成り立っている大量生産、大量消費の社会であるから、生産者、流通業者、消費者は、対象である物を管理し、制御している筈なのであるが、実際は、物の生産、流通、消費の有り様に一喜一憂し、物そのものに振り回されっ放しである。一旦その動きが停止すれば、社会はたちまちパニック状態に陥り、大混乱になる。人があって物があるのか、物があって人があるのかわからないほど物が溢れている。

物の豊かな時代には、かえって人間の心は貧しくなるものらしく、物をめぐる争い、犯罪は絶え間がない。よきものばかりを求めて、本来のあるべき生活を忘れていれば、その反動が生じてくるのは必然の結果であるだろう。

「第4章　5　身体と精神の関係・条件」に述べたように、人間には年齢に応じた生き方がある。そうした年齢に応じた時代を通過していないと、後でかならず反動が生じてくる。それは、だいたいフラストレーション（欲求不満）の解消といった形で現れてくる。例えば、母乳で育てられなかった赤ちゃんが大人になっても、乳房コンプレックスから抜けられないというのが典型である。このことは、マザコンやファザコンが沢山いることでもわかるだろう。

本来遊ぶことが仕事である子供時代に、学校と学習塾の間を往復していて、身体と遊びの時代を通過していない子供たちは、知らずしらずのうちにフラストレーションがたまり、次の時代にそれが何らかの形で現れてくる。それが、いじめや暴力による学校の荒廃、不登校やひきこもり、家庭内暴力や暴走族であったとしても不思議ではない。

また、壮年期を出世と成功に生き甲斐を求めていた人は、老年期を迎えて、そうした目的がなくなると、生き甲斐を失って、何をしていいのかわからなくなり、腑抜けたようになってしまったりする。

外部的なものに心を奪われていると、生きている時代が変って、それまでの対象がなくなると、心は虚ろになり、気力が萎えてしまうものらしい。

物質的なものや現象的なものに対する見方や考え方も同じである。本来あるべき在り方を忘れて、よきものばかりを追い求めていれば、かならず反動が生じてくる。

物の豊かさはかならずしも心を豊かにはしないが、心の豊かさはあらゆるものを生み出す宝庫なのである。町も村も、工場も道路も、家も自動車も人工的な物は、すべて人間の心によって作り出されたものである。芸術作品も料理も、本も薬も、流行も噂話も、人間の心の産物である。

豊かな心は人間の役にたつ生活を豊かにするなくてはならないものを生み出す。しかし、その反対に、貧しい心は人間を苦しめる生活を惨めにするあってはならないものをつくり出す。

物質的なものや現象的なものにとらわれていると、心は対象に縛られるために、不自由になり、冷たくなり、固くなる。しかし、そうしたとらわれから解放されると、心は自由に、暖く、柔軟になる。

物と心の関係は、中庸さにおいて、相互に高め合う交流が生れる。物の豊かさと心の豊かさは、そうした物と心との幸福な関係から生じてくるのだろう。

4 人間の観念の世界

人間は自分の心がつくり出した世界に住んでいる。人それぞれの世界に住んでいる。人によって、思考法、世界観、価値観、宗教観、思想、趣味、好み、習慣、生活態度、夢、理想、現実感覚等すべて異なる。十人十色である。

古代の人々は、人間を小宇宙と呼んだ。人間は自分だけの小世界を形成し、そこに住むが故に、まさに小宇宙なのである。どんな人間でも自分だけの小世界を持ち、そこに住んでいるからである。

世界観、価値観、宗教観といった観念的な面でみると、人間は自分が信じた世界に住んでいる。人間の住む世界は、貧富、階級、社会的地位、職業といった社会的属性、男女、人種、年齢、体格、健康状態といった人間的属性、生まれ、育ち、器量、性質、才能、徳性、趣味、習慣といった個人的属性によって変ってくる。しかし、人間が信じている観念の世界というものは、他人が窺い知れない世界だけに、非常に個人的色彩の濃いものであり、独特な世界であるといえるだろう。

それぞれの属性ごとに、住む世界の異質性、共通性、共有性があるが、観念の世界は属性を超えていて、属性としては異質な者同士が観念の世界を共有していたり、あるいは属性としては共有していても、観念の世界では相入れないといったことも多い。

特に観念の世界としての世界観、価値観、宗教観は、ほとんど絶対といってもよいほどの個人的観念の世界を形成している。そして、人間は自己の形成した観念の世界に住むのである。

人間は自分が信じた小世界を形成し、そこに住むのであるが、自分が信じた世界とは、次のように考えればわかり易い。例えば、この世界には神も仏もないと信じていれば、無神仏の世界が形成され、そこに住むことになる。一人の神がいると信じていれば、一神世界が形成され、そこに住むことになる。また、多くの神々がいると信じていれば、多神世界が形成され、そこに住んでいる。

そうしたことは、霊的にみれば、人間は内部世界に応じた霊界の社会にいて、死後にはその社会へ入っていくといわれていることに対応している。（「天界と地獄」４３８）。人間が信じ、住む観念の世界は、人間の内部世界として形成されているものであり、霊界の社会とのかかわりがみられるのである。こうしたことは、十分考慮すべきことである。

人間の内部世界が神も仏もない無神の世界として形成されていれば、それと同類の霊界の社会がかかわっている。あるいは、人間の内部世界が一神世界として形成され、心と口と行いが信仰によって満たされていれば、それに対応した霊界の社会がかかわっている。

いずれにしても、人間の内部世界として、多神世界が形成されていたり、仏教世界が形成されたりしていても、心の方向、心の在り方、生き方のそれぞれに対応した霊界の社会がかかわっていることになる。

人間の観念の世界といったものは、自分が信じているものによって形成され、いつも住んでいる世界であるから、確固たるものがあり、夫婦や兄弟でも入り込めない個人的生活の世界となっていて、よほどのことがない限り、他によって変え得るようなものではないし、又変えるようなこともしてはならないものなのである。それは、人格や人間の自由といったものにかかわってくる問題であり、思想の自由、信教の自由に属する事柄である。したがって、人間の人格形成、人間形成にかかわる自由の問題であるため、自分の信じる観念の世界へ他人を引き入れようとしたり、あるいは書物や講演において自分の信じる観念の世界を展開したりする自由も存在する。

人間の小世界は、持って生れたもの、他からの影響、環境条件、自己の信念などの複雑な要素によって形成されるのだから、そこにおいて人間は自由である。それは、他からの強制によって形成され得るものではないし、すべては自らの意志によって形成され、維持されているものであるからである。したがって、この小世界は人間が住んでいる本当の世界であって、物質現象界はその内部世界の反映であるとみられなくもないからである。

もし人間が善の内部世界を形成し、そこに住めば、天使の社会がかかわっているから、物質現象界には善へ向う結果現象が現れてくるだろう。しかし、人間が悪の内部世界を形成し、そこに住めば、地獄の社会がかかわっているから、物質現象界には悪へ向かう結果現象が現れてくるだろう。もっとも、人間が全くの善、全くの悪を内部世界として形成することはないから、善へ向かうための悪現象、悪へ向かうための善現象もあるだろう。

思想の自由、信教の自由などというと、何か他人事のように聞こえるが、人は誰でも自分が信じる世界を持ち、そこに住んでいる。子供は子供なりに、男性は男性なりに、女性は女性なりに、老人は老人なりに自己の小世界を形成し、そこに住んでいる。したがって、人間は成長するのに従って、あるいは世界観、価値観、宗教観の変遷に伴って、住む世界が変化し、それにかかわる霊界の社会も移っていくのである。聖書における旅は、霊たちが霊界の社会を移っていくという意味がある、といわれている。(「天界と地獄」５９０)。

そこで、人間は生涯の最後において自分の住む内部世界がかかわっている霊界の社会へ死後入っていくのである。したがって、人間は死後も自分が信じた世界に住むのである。

人間は、現在において、自分が形成した観念の世界に住み、その世界に対応した霊界の社会にいて、たえずそこから様々な霊的影響を受けている。そして、人間が様々な経験によって、思想、信条に変化が生じて、観念の世界が変れば、それに応じて霊界の社会を移っていくこともある。

物質現象界における人間のことだけを考えていれば、観念の世界は非常に個人的な事柄であるかもしれない。しかし、人間は本質的に霊であるため、物質現象界に住んでいると同時に、その霊が霊界の社会にいて、そこから様々な霊的影響を受けている。したがって、人間の観念の世界は、霊的な影響の下におかれ、周囲との軋轢にさらされ、アイデンティティ（自己同一性）と社会性を問われているために、個の確立と自由の問題が考えられなければならないのである。

先に紹介したように、人間は内なるものによって霊界にいて、外なるものによって自然界にいる、といわれている。

内なるものは内なる人とも呼ばれ、外なるものは外なる人とも呼ばれている。したがって、人間の内なる人は霊界にいて、外なる人は自然界に住んでいる。

5 人間の観念と霊的流入

人間は自分が信じる観念の世界に住んでいる。それは変え得るものであるが、しかし、それを変えるのはなかなか難しい。それは、それが霊的なものに深くかかわっているからである。

人間の意志、思考といった内部的なものは霊的なものであり、言葉、行為は外部に現れた身体的なものである。

仏教では、意志と思考を「意業」と呼び、言葉を「口業」と呼び、行為を「身業」と呼んでいる。言葉と行為は、身体的なものであるため、自然的秩序に応じていて、動物と同じように、霊界からの全般的流入によっている。しかし、人間は動物と異なって、合理性の能力と自主性の能力（意志の自由）によって、自我、欲望、執着の強固なトライアングルのなすがままに生きて、天界の秩序を顚倒させてしまったから、霊たちを通して、間接的に秩序づけなければならないため、意志と思考が霊の間接的流入の下におかれている、といわれている。（「天界と地獄」２９６）。

人間は観念の世界に応じた霊界の社会にいて、そうした社会に連なる霊たちによる霊的流入が行われているため、人間の観念の世界は簡単に変えられるものではない。しかし、心の方向、心の在り方、心の浄化向上あるいは汚化堕落によって、心が変わることにより、人間の住む観念の世界は変化する。人間はその変化に応じて霊界の社会を移っていくのである。

自分が住む観念の世界を変えることは、心を変えることであり、そこにかかわる霊界の社会を移ることであるから、大きな問題を含んでいる。したがって、心の方向、心の在り方といったことについても、それがいいからといって、急激に変えようとしても、人間の全人格にかかわるため、そうそう簡単にできるというものではない。

物事は、受け入れられるもの、実践できるものから序々に行っていかなければならない。急激な自己の在り方の変化は、自己の変調をもたらすばかりでなく、自己破壊をももたらしかねないものである。

自分の観念の世界に安住していることは、住み心地もよく、楽しいかもしれない。しかし、それでは、人間はいつも同じ所にとどまり、内部的には停滞している。たえず自己の在り方を変えることに挑戦し、新しい自分へ脱皮していかなければならないからである。

外部的な出世や成功といった外部的な条件の向上に向上心を向けるよりも、内部的な自己の向上にそれを向けていることが本当に人間的に生きることなのである。内部的なものはあくまで用としてあるのだから、その役割をはたすことによって、人間は内部の自己の向上が可能なのである。

外部的物質的なものは、感覚作用によってとらえられるものであるが、内部的霊的なものは、感覚作用を超えていて、ただ漠然と感じられるものにすぎない。しかし、人間の内部的なものが変化し、それに応じて霊的なものが変化すれば、外部的なものにもそれに応じた変化が現れてくる。それは霊界が霊的原因の世界であり、物質現象界が結果現象の世界であるからである。そうであるからといって、物質的なものや現象的なものに結果的なものを早急に求めることは、心を外部的なものへ向けることになってしまうことに気をつけなければならない。

人間は身体をもって物質現象界を生きると同時に、その霊は霊界にいる。この生の同時性、二重性が物質的現象的なものと人間の身体との関係、霊界と人間の霊との関係をつくり出している。

人間は外部的なものを内部的な好悪、苦楽として感受して、認識作用を形成し、自我、欲望、執着の強固なトライアングルをつのらせている。人間のおかれている環境やそこに生起する現象は、すべて現実の因果関係によるものである、と誰もが考えているからである。霊界や霊的なものについて何も知らない人間には、物質現象界における現実以外には何も考えられないのが当然である。それが人間の常識であり、感覚作用でとらえられないものについて云々するのは呪術的世界に道を開くものだといわれたりするからである。

実際的には、霊的なものは内部的なものの在り方によって現れているものである。それは、人間の内部は既に霊界であり、霊の世界に連なるものであり、心の方向と心の在り方によって、霊界の社会がかかわり、その霊的状態に応じて様々な霊的原因がつくり出され、その霊的原因によって外部世界に結果現象が生起するからである。そうして生起した結果現象に対して、人間が内部的外部的に様々な対応を起すが、それが霊的なものに反作用を起させることになる。そうした人間の内部と外部の相互対応が霊的なものとのかかわりの下に進められるために、人間自身から発出されたものが霊的な因果のメカニズムにより、現象的なものを通して、最終的には人間に帰着することになる。

そうであるとすれば、第一に内部的なものについて気をつけていなければならないのであって、外部的なものは二次的なものにすぎない。ところが、凡夫は外部的なものを第一に考えて、自我、欲望、執着の強固なトライアングルをつのらせて、内部的なものについては全く気にもかけていないのだから、顚倒にあるといわれる。

人間は外部的なものに眼がくらみ、心を奪われていては、全く心の修行が行われないから、いつまでも同じ所にとどまり、その内部が停滞するか、悪や誤りを犯して、汚化堕落してしまう。それが無明のなせる業《わざ》であるが、それでは人間は救われない。

最初に霊界からの全般的流入と霊による間接的流入について述べたが、神の直接的流入がある、といわれている。

「神が人間のもとに、天界の秩序に従って、最も内なるものへも、最も外なるものへも、その究極部へも流れ入れられて、神が天界を受け入れるように処置されている。」（「天界と地獄」２９７）。

人間は人間の住む世界のことしか気にかけていないが、人間は霊界と深くかかわっていて、その霊魂は神の流入を受けている。そのことを知らず、何もしなければ、心の修行が行われず、魂の救済もないだろう。人間は意志の選択の自由の下にあるのだから、仏教では自業自得といわれる。又、人間は業に応じて審判され、報われるであろう、と聖書にもいわれている。これが選択の自由と結果の必然である。

自由には、結果責任が伴うのであって、それはすべて自己が引き受けることになる。

個の確立がはかられなければならないのは、自由と責任の問題を避けて通ることができないからである。

自分の観念の世界も、それによる業も、霊的な影響を受けている。しかし、その結果は自己が引き受けるのだから、あだやおろそかにはできない事柄なのである。

6　外部的現象的なものと内部的本質的なもの

われわれ人間は中道を認識し、実践して、心の方向を正し、心の在り方を整えて、観念の世界を本来あるべきものに変えていかなければならない。そのような内部的霊的な浄化向上へ向かうことによって、外部的現象的なものにも変化が生じてくるだろう。

人間は誰でも外部的条件の向上を目指して、少しでもよくなるように日々の学業や仕事にはげみ、成績や評価に一喜一憂し、そこに自己の存在意義を求めている。しかし、そうした競争社会においては、適応できる者とできない者といった差別が生じてくる。

人間には既に述べたように、自己の内部的なもの（器量、性質、才能、徳性等）に応じた用と役割があるのだから、他との比較や競争はそこに限定されるものであって、人間全般に及ぶものではないものである。人間の優越感や劣等感といったコンプレックス、差別意識、排他的感情等は、すべて自我、欲望、執着の強固なトライアングルによって生じてくる。

人間は感覚作用を頼り、外部的現象的な対象にとらわれ、自我、欲望、執着の強固なトライアングルに支配されている限り、心が自由に、解放的にあることはできない。それは人間の意志と思考（意業）が自我、欲望、執着の強固なトライアングルの支配下におかれているためである。

人間は誰でも、自分は自由意志を持ち、合理的な思考を行っていると思っている。しかし、それが強い自我性、激しい欲望、濃厚な執着心に基づいていることに気づいていない。しかし、そうした人間の内部的な偏向が種々のコンプレックスや差別意識を生み、利害の対立や競争の機会に、様々な軋轢や争いをもたらしている。それは人間の心が生み出した無益な結果現象であるとしても、人間世界のあらゆるものは、人間の心によって生み出され、それが人々の生活の糧とも支えともなっている。しかし、他方では、それが人間の苦悩や不幸の種ともなっているのだから、外部的現象的なものに眼を奪われることなく、その基となっている人間の内部的本質的なものをみなければならないのである。

そうした意味でも、物質的現象的なものは、人間の生活の役割、手段としてあって、自己の役割と用をはたすことの大切さを認識し、内部的本質的なものの浄化向上に役立てなければならないのである。

例えば、人間は様々な社会的個人的関係において、自己の器量を育て、性質のよきものを伸ばし、悪しきものを改め、才能を練磨し、徳を積んで徳性を整えていくことができる。

人間はそうした自己の浄化向上をはかっていくことができるものである筈なのに、物質的現象的なものにとらわれて、内部的なものよりも外部的なもの、本質的なものよりも現象的なものを優先させてしまうのは、人間には、貪《とん》（むさぼり）、瞋《しん》（いかり）、痴《ち》（無明、おろかさ）の煩悩があるためだと仏教では説いたのである。それは、人間が自我、欲望、執着の強固なトライアングルに支配されているからである。

人間は四諦・八正道を認識し、実践することによって、煩悩を滅却し、悟りの道に入ることができるのであるが、在家で、そうした修行をなすことには様々な障害や困難が伴っていることは確かである。しかし、人間はこれまで述べてきたように、心の方向を正し、心の在り方を整えることは誰にでもできることである。人間は正しい法を認識し、それを生活の中で実践しなければ、身につかないし、人生は何の意味もなく終ってしまう。そうした意味でも、八正道はすべて人間の生活（正命）を前提として説かれている。

最初の一歩は、小さな容易なものからはじめて、それが正しいものであれば、継続されていくことだろう。そうした継続の中から、新しい認識が生まれてきて、導かれるようにして、新しい道程が現れてくるようになる。それは、人間の不思議な感性の働きであったり、霊的感応力であったりするのだが、そこに何かを期待することがあってはならない。人間の期待はすべて物質的現象的なものに向けられるため、たちまち自我、欲望、執着の強固なトライアングルがうごめきはじめるからだ。

われわれが目指すのは、心を正し、心の在り方を整えることであるが、それは決して単純なことでも、容易なことでもないことは、最初の一歩から知ることができるだろう。したがって、こうした認識と実践をはじめる動機は、人間の苦悩の生活を通してであるといえる。それは、甘い生活環境から生まれてくるものではなく、かなり厳しい生活環境から生じてくるものといえるだろう。したがって、昔から心ある人々は、自ら進んで出家したり、陰遁生活に入ったりしたのである。しかし、日常生活の中で、認識と実践をなすことがわれわれの目指す道程であるから、自己の内部的なものについてよく知ることが重要になる。

自我、欲望、執着の強固なトライアングルは、自己自身なのであるから、自分が一番よく知っているようでいて、案外見過ごされているものである。ちょっと油断をしたり、気にかけないでいれば、たちまち自我意識に振り回され、欲望に煽られ、執着心にとらわれてしまうのが人間の姿なのである。

又、自己の器量、性質、才能、徳性についてどれほどのことを知り、心がけているものがあるだろうか。一つひとつ自己の内部を点検しているだけでも、大変な時間と努力を要するだろう。それほど人間は自己自身を知らないということである。

人間の無明は、自己自身を知らないというところからはじめなければならない。

自己自身について知ることがあれば、それをきっかけにして、外部的現象的に変わったことが生じてくるだろう。内部と外部とはそれほど緊密なものであることに驚くだろう。それは、内部が本質的なものであって、外部は現象的なものであるからである。

人間は外部的現象的なもののとらわれから離れるのに応じて、内部的本質的なものになる。それは心の方向を正し、心の在り方を整えることによってもたされるのであるが、自己の霊的感応力であるかもしれないし、何かの導きであるかもしれない。

人間は、自分が、自分がという自我意識を捨て、あれが欲しい、これが欲しいという欲望を抑え、何が何でもという執着心を断った時に、自己の内部的なものを認識できるようになるといえる。それは容易なことでも、簡単なことでもないが、それをなさなければ、人間はたえず同じ所にとどまるか、悪くすると、汚化堕落しかねないものである。

人間がこの世に生まれてくることは苦である、と仏教ではいっているが、人間のおかれた厳しい状態を知れば知るほどその感を深くすることだろう。人間の生《しょう》の苦は、決して老病死の苦に劣らないものである。生の苦はたえず人間が生きていく中にあって、人間に働きかけてくるからである。しかし、生の苦は決して悪しきものではなく、たえず人間の浄化向上を目指して働いている。

人間は生の苦を知ったならば、それが自己の内部からきていることを認識しなければならない。それは人間が内部の浄化向上を目指す上でなくてはならないものであるばかりでなく、それがかなえられるのに応じて、弱まっていくものであるからである。

人間は自己を克服していくことが生の苦を滅していくことにつながっている。そうした認識と実践が人間にどれほど多くの大切なものを与えてくれるかは、はかりしれないものがある。

第6章

外部と内部の相応

1 人間の意識と霊的存在

物質現象界に生きているわれわれ人間にとっては、自らの感覚作用で捉えられるものがすべてである。ところが、暗闇の中に何か得たいの知れないものを見たり、時には真昼の明るい光の中に見た人が現実の人間でなかったことが後でわかったりすると、背筋に冷たいものが走り、ぞっとする。

異常な、あるいは不思議な体験談は枚挙にいとまがないほどあって、それを科学的に証明しろとか再現性のないものは存在しないとかいってもはじまらない。なぜなら、科学や実験は、人間の感覚作用でとらえられる物質現象的世界を対象としていて、物質科学と呼ばれるものであるから、物質的なものを超越した霊的なものは対象としていないからだ。

霊的なものがすぐれて個人的観念に属するのは、人間自身が本質的に霊であるから、本人が自覚さえすれば、経験を積むことによって、理解することが可能であるからである。

霊的なものは、すべて個人の意志の自由によって、隠されたり、明かされたりしている。それは、霊的なものが非常に危険なものであるばかりか、神聖なものを信じて、後に否定することは冒瀆になるからである。

霊的なものについては、霊の存在が信じられなければ、死後の世界についても、天界と地獄についても一切理解できないだろう。人間は自分自身が霊でありながら、霊の存在が信じられないのであるから、自分自身に対して全くの無知にあるということである。

しかし、霊的なものを信じるか信じないかは、あくまでその人間の観念の問題である。霊的なものは隠されているものであるから、科学的な解析やビジネスの対象として人間の感覚作用にとらえられるものにしようとする試みは、天に唾する行為となるだろう。そうした意味でも、霊的なものは必要のない人間には、信じられないことによって隠されているともいえる。

ある意味からいえば、霊的なものは人間の生き方における試金石の役割をはたしている。最初から全く信じない人もいれば、半信半疑の人もいれば、恐るおそる信じる人もいれば、何の抵抗もなく信じる人もいるからである。

霊的なものを信じるか信じないかで、人間の生き方が変わってくるのは、物質現象界のみに生きるのか、物質現象界と霊界とを視野に入れた広大な世界に生きるのかという相違をもたらすからである。

さて、霊的なものとは何かということであるが、霊的なものは思考に似ている、といわれている。われわれ人間は、地球の裏側に住んでいる友人の顔を思い浮べながら、その人を思い出すことができるし、いつか訪れたヨーロッパの街の風景を思い描くこともできる。

「霊的なものは思考に似ており、思考は人間の中に存在するものの、人間はその思考により他の如何なる場所にも、その場所が如何ほど遠くにあっても、いわばそこに現れることができるからである。それが、その身体においても人間である霊と天使の状態である。どこであれ、彼らはその思いがある所に現れるが、それは霊界では空間と距離とは外観であって、彼らの情愛から生まれている思考と一つになっているからである。このすべてから、霊界の遙か上に太陽として現れて、空間の外観が属する筈もない神は、空間から考えることができないことを認めることができるだろう。」（「神の愛と知恵」２８５）。

神は空間の外観に属していないと言われていることについては、次のように説明されている。

「神的なものは、創造された宇宙の一切のものの中にあり、創造された宇宙は、聖書に言われているように、エホバの御手の業、神的愛と神的知恵の業である。それがエホバの御手により意味されているからだ。しかし、神的なものは、創造された宇宙の一切のものの中に存在するけれど、それらのもののエッセの中には神的なもの自身は存在していない。創造された宇宙は、神ではなく神から存在しているからである。そして、それは神から存在しているため、その中には神の像はあるものの、その像は鏡の中の人間の像に似たものである——鏡には、実際人間は現れているが、その中には人間は存在していないからである。」（「神の愛と知恵」59）。

霊界と物質現象界を含む宇宙は、神の映像として創造されたのである。この神の映像があらゆる被造物の中にある。

創造されたものはすべて有限であるが、無限なものは、それを受容する器として有限なものの中に、その像としての人間の中に存在する、といわれている。

「神は、先ず、自ら発する原質によってその無限を制限し、そこから霊界の太陽である神に近接して囲遶するスフィアから静止状の物質よりなる最後のスフィアに至るまで完成させた。」（「真の基督教」33）。

霊界の太陽は、神から発するスフィア〔霊囲気〕であり、たえず天界の東の中空に輝いている。

天使の周囲にもスフィアが発散され、天使を取り囲んでいる。

物質現象界における人間、動物、植物、鉱物からも波のような発散気が流れ出している。われわれ人間に身近なスフィアとしては、種々の匂いとして感じられるものである。

さて、霊的なものであるが、霊は人間の思考のような存在である、といわれている。

「序章　固定化的世界の奇妙な感覚」に、人間は、身体をもって物質現象界に住んでいるため、地球の重力、空気、水といった制約条件の中におかれている、と述べた。それは、逆にいえば、そうしたものであったから、人間は地球に生命を受け、種の保存ができたのである。しかし、そうした人間が身体をもって生きることができる条件が、今度は人間の身体を地球に縛りつけているわけである。

霊は自然的な身体をもっていないため、そうした物理的条件から一切解放された存在である。人間と霊との相違は、自然的な身体を持つものと霊体としての存在というように理解される。したがって、霊は地に縛りつけられている人間とは違い、そうした制約条件から自由なのである。

われわれ人間は、自らの思考の自由さから霊の存在を想像するしかないのだが、人間が身体の束縛から解放されたならば、意識のみの存在になるということなのである。と言っても、霊は人間と同じ感覚作用を持った霊体を有している。

そうしたことが身体の死によって起る、といわれているが、世間一般の常識では、人間の死後には何も残らないというものである。それは、死んで生き返った人間がいず、死後の霊的存在が科学技術を含めた人間の感覚作用ではとらえられないものである以上、死後の存在を到底信じることができないからである。しかし、人間の内部的なものである意志と思考、性質と才能、情愛と感性といったものは、科学技術を含めた人間の感覚作用ではとらえられないものであるし、人間の生命現象はとらえることはできても、本質的なものである生命そのものは一切とらえられないのだから、生きている霊魂がとらえられない以上、死後の霊魂がとらえられる筈もないからである。

霊的なものが人間の思考のような存在であるならば、われわれ人間は経験的に霊的存在を知ることが可能である。人間が霊の間接的流入を受けているからには、人間と霊とは切っても切れない関係にあるからである。

実際、霊による間接的流入がなくなれば、人間は動物と同じように音声を発するだけの存在になってしまう、といわれているからである。

「第3章　2　社会的生活の変貌と個人的生活への影響」に、動物と人間の相違について述べたが、人間は霊による間接的流入を受けることによって合理性の能力と自主性の能力（意志の自由）をもっているのだから、自己を知ることによって、霊的なものについて知ることが可能なのである。

「第4章　4　心の世界と苦の克服」に、人間が自らの観念の世界に住んでいることを述べたが、人間はその意識についても、意識世界といえるものを形成している。それは、それぞれの観念の世界によって、それに応じた霊界の社会がかかわっているように、意識世界についても、自分限りの低い意識世界にいる人間もいれば、世俗的なものにとらわれた狭い意識世界にいる人間もいれば、神と法への愛にあって、天的天界につながる高い意識世界にいる人間もいれば、他への愛にあって、霊的天界につながる広い意識世界にいる人間もいるからである。

人間の観念の世界と意識世界は同質のものであるから、人間は死後にはそうした霊界の社会へ入っていくのである。

人間の愛の如何がその意識の高低にかかわっていることが認められるため、人間の意識と霊的なものとのかかわりは否定できないところである。それは、人間の意識が霊的流入に多くを負っていることがその意識の高低から読みとれるからである。

神の本質は愛である、といわれているからである。

「神は、愛の本質そのものにおける愛、神的愛であるから、天界の天使たちの前には太陽として現れ、その太陽からは熱と光が発し、そこから発する熱は愛であり、そこから発する光はその本質において知恵である。そして天使は、その霊的な熱と光を受ける器となるのに応じて、愛と知恵となる。」（「神の愛と知恵」5）。天使には、神の映像があるため、神に近づけば近づくほど、その器が愛と知恵で満たされる。同様に人間にも神の映像があるため、愛が人間の生命そのものなのである。（同1）。

ここで、次のような天使の言葉が紹介されている。

「神の映像とは神を受ける器であります。神は愛そのもの、知恵そのものであるため、人間が受容するのはこれらのものであります。そして人間はこれらものを受容するのに応じて、その受容器官が神の映像となります。そして人間は神のものであるものが人間のものとして人間の中にあることを自分自身の中に感じるという事実から、人間は神に似た形であるため、神の映像であります。人間は人間の中にある愛と知恵、善と真理は人間のものではなく、人間から発しているものではなく、神の中にあり、神から発していることを認めるのに応じて、神の映像となります。」（「結婚愛」132）。

人間の生命は、愛そのものであるため、人間の意識の高低がその愛如何にかかわっているのである。

2 自然的観念と霊的観念

人間の持つ自然的観念と天使の持つ霊的観念との間には、比較を絶するほどの桁外れの相違がある。ある有名な霊能者は、天使の霊的観念に入れられて、天界の事物に接した時、それらをよく理解できた。ところが、霊的観念から出されて、現実の自分に戻ると、天界で理解できたことが自然的観念で認め、表現することがどうしてもできなかった。それは、天使の観念は天界の光によらないかぎり表現することができず、人間の言葉では表現できない無数のものがあったからである、と述べている。(「天界と地獄」２３９)。

自然的観念と霊的観念との最も大きな相違は、自然的観念には、自然の二つの特質があるからである。

「自然に特有な二つのもの—空間と時間がある。これらのものにより、人間は自然界でその思考の観念を形作り、それにより理解を形作っている。もし人間がこれらの観念の中に止まって、その心をそれらのものの上に引き上げないなら、人間は霊的な神的なものを決して認めることができない。人間は、その霊的な神的なものを空間と時間から導き出された観念の中に包み込んでしまい、それが行われるかぎり、その理解の光《ルーメン》は自然的なものになるからである。」(「神の愛と知恵」69)。

人間の思考には、空間と時間の観念が密着していて、人間は空間と時間の観念を離れて、考えることも概念を形作ることもできなくなっている。しかし、そうした空間と時間の観念を超越した思考を持たない限り、神的なものは遍在しているために、空間の中に存在しないことを認め、肯定することができない。

「飛んで天使となる者は、すべて空間と時間を脱ぎすてる。彼らは、そのとき霊的な光に入り、その光の中では思考の対象は真理である。その視覚の対象は、自然界のそれに似ているが、彼らの思考に相応しているからである。真理である彼らの思考は、空間と時間から何ものも得ていない。そして、その視覚の対象は、空間と時間の中にあるかのようにみえるけれど、天使たちは空間と時間により考えない。その理由は、そこの空間と時間は自然界のように固定したものではなく、彼らの生命の状態に応じて変化するということである。彼らの思考の観念の中には、空間と時間に代って、生命の状態がある。」(同70)。

「人間は空間から得た観念により考える。そこには、長さと幅と高さのある三次元の空間から決定された姿形が存在している。これらの概念は、人間の思考と観念の中に、地上の可視的なものばかりでなく、社会的道徳的な不可視的なものについても存在している。しかし、霊的な人間、特に天使は、空間の概念を持っていず、ものの生命の状態から由来しているものの状態から思考と観念を得ている。天使は空間の長さの代りに生命の善からものを考え、空間の幅の代わりに生命の真理からものの真理を考え、空間の高さの代りにそのものの度を考える。したがって、天使は神の遍在を考える時、神的なものは空間を離れて、すべてのものに満ちていると考える、といわれている。」（同71）。

　われわれ人間は、宇宙の始まりはいつ、どこであったのかと考えるのであるが、宇宙の創造は空間と時間を超越して行われたと考えなければならないだろう。

「宇宙とそのすべてのものの創造は、空間から空間へ、時間から時間へ、進歩的に連続的に行われたと言われることはできないが、永遠から、無限から行われたと言うことができるだろう。時間に永遠のようなものは存在しないため、そこから行われたのではなく、時間に属さない永遠から行われたのである。この永遠は神的なものと同一であるからだ。また、空間の無限というようなものは存在しないため、そこから行われたのではなく、空間に属さない無限から行われたのであり、この無限もまた神的なものと同一である。こうした事柄は、自然的な光の中にある思考の観念を超越することを私は知っている。しかし、それは霊的な光の中にある思考の観念を超越していない。この観念の中には、空間と時間が存在していないからだ。それは、また自然的な光の中にある観念を全く超越しているわけではない。空間の無限はあり得ないと言われるとき、そのことはすべての者により理性から肯定されるからである。時間の永遠も同様である。これは時間の無限であるからだ。もし諸君が『永遠に』と語るなら、それは時間から理解されることができるが、しかし、『永遠から』は、時間が除かれないかぎり、理解されることができない。」（同156）。

われわれ人間は、空間と時間の観念にとらわれているために、空間と時間の観念を離れて、神を考えることができないから、空間の無限を考え、時間の永遠を考えてしまう。自然的観念により、神を考えているために、神の遍在は、空間を離れて、すべてのものに満ちていることを認めることができない。

「私たちは永遠から存在する神を考えることができるが、永遠から存在する自然はどうしても考えることはできないし、自然をそれ自身において自然として考えることはできない、と天使たちは述べている。」（同76）。

有限の空間から無限を考え、現在の時間から永遠を考えている限り、どこまで行っても、いつまでたっても、空間と時間を離れて存在している神を認めることはできない。それは、空間と時間の観念にとらわれているからである。

「自然界で自然に特有な時間は、霊界では純粋な状態であり、その状態は天使と霊には有限であるため、進歩するようにみえるが、神は無限であり、神の中の無限のものは一つのものとなっているため、その状態が進歩しないことを認めることができるだろう。ここから、すべての時間の中の神的なものは、時間から離れていることが推論される。」（同75）。

ここで言われていることは、天使と霊のような有限な存在は、たえず状態が変化しているのであるが、神は永遠にあるため、無限に変化しない状態にあるということである。また、天使と霊は時間的経過にしたがって進歩する存在であるが、神は永遠に現在なのである。

神の中では、過去と未来の事柄は永遠であり、永遠から永遠まで現在であるため、心に思いうかべることは神について述べられることはできない。（「天界の秘義」４８４９）。

神の前には、過去・現在・未来のすべてが永遠に現在としてあるということである。

神は、空間を離れて、遍在し、時間を離れて、永遠の現在としてあるということである。

天使は、神の映像があるため、空間と時間の観念を持っておらず、生命の状態の変化にある。同様に、人間にも神の映像があるため、霊的人間は、空間と時間の観念を離れて、神の永遠と無限を認識することができる。しかし、人間は自己変革により、霊的人間に生れ変らない限り、空間と時間の観念を離れることができないため、神の存在、神の永遠と無限、霊の存在、死後の世界等について考えることができないのである。

3 自然的観念と霊的観念の相応

自然的観念と霊的観念は、全く相違したものであるが、それは相応において連なっている。

相応とは、天使の考えが空間の長さの代りにものの善を考え、その幅の代りにものの真理を考え、その高さの代りにものの度を考えるということである。

この相応により、聖書では、「長さ」はものの善を霊的に意味し、「幅」はものの真理を霊的に意味し、「高さ」はものの度を霊的に意味する。

「天使が（金の測《はか》り）さおで都を測ると１万２千スタディオンあった。その長さと広さと高さは等しかった。」（「ヨハネの黙示録」21—16）。

「天使」は、天界から話される神を意味する天使である。

「さおで測る」は、物事を知ることを意味し、「1万2千スタディオン」は、12と同じ意味の教会のあらゆる善と真理が意味されている。

「その長さと広さと高さは等しい」は、新しい教会のあらゆるものは、愛の善から発しているということである。それは、「長さ」により愛の善が、「広さ」によりこの善から発した真理が意味され、「高さ」によりあらゆる度における善と真理の結合体が意味されているからである。高さは最高のものから最低のものへ達し、最高のものは縦の度と呼ばれる度によって最低のものへ下降しており、この度の中に、最高の天界から最低の天界へ至るまでの諸天界が存在しているからである。(「啓示による黙示録解説」９０７)。

「霊的観念は、空間から何ものも得ないで、そのすべてを状態から得ている。状態は、愛、生命、知恵、そこから発する観念について述べられ、全般的に善と真理について述べられる。〈……〉。しかし、天使も霊も、世の人間が眼で見ているように眼で見ているため、対象は空間の中に見られない限り見ることはできないから、そこには地上の空間のように空間が存在するように見える。しかし、それは空間ではなく、外観である。それは、地上の空間のように固定して不変なものではないからである。それは、長くも短くもされることができ、変えられも改められることもできるからである。空間は、かの世では測定により固定されることができないため、それは自然的な観念によって把握されることができず、霊的な観念によってのみ把握されることができる。」(「神の愛と知恵」７)。

霊界はこのようなものであるため、人間は霊の眼を開かれない限り、その感覚作用では霊的なものを一切見ることができない。

物質現象界と霊界は、人間と霊がそうであるように外観は似ているが、その本質は異なる在り方をしているからである。

「霊界には、自然界のように空間が現れ、距離のようなものがあるが、これは愛と知恵、または善と真理の霊的類似に順応した外観である。このことから、神は、天界のあらゆる場所に天使と共にいるが、彼らの上に太陽として現れている。さらに愛と知恵を受容することにより、神との類似性が生まれるため、受容によって神に密接に類似している天使たちがいる天界は、その類似性がそれほど密接でない天界よりも、神に近く現れている。このことから、諸天界――三つの天界がある――は、互に区別され、天界の社会も区別され、彼らの下にある地獄は、愛と知恵を避ける度に順応して、隔っていることが生まれている。」(同10)。

神の被造物である霊界は、創造者たる神の愛と知恵の霊的類似として存在している。神の愛と知恵の受容者である天使は、神との霊的類似が近い者は神の近くに、遠い者は神から離れて存在している。そのため、神との霊的類似が対立している地獄は天界の反対の極に存在している。

すべての被造物には神の映像があるため、神の生命の本質である愛と知恵の霊的類似により、神からの距離とその位置が定まる。

自然的観念と霊的観念は、天と地ほどに隔たっている。しかし、両者は相応により結ばれている。

例えば、人間が聖書を読んでいて、道という文字を読むと、それを見ている天使は、真理又は誤謬を理解する。聖書の文字の意義には霊的意義が隠されているからである。そして、物質現象界は天界と地獄界が混在された世界であるため、一つの文字には二つの霊的意義がある。道という文字には、前後の文脈から真理と誤謬という霊的意義がある。それとは逆に、天使の情愛が人間の内部に流入すると、その情愛に相応した思考に変化する。

人間の思考は、そのようにして霊の情愛が流入したものなのである。

霊は、人間の記憶のすべての中に入り、そこからすべての思考の中へ入る。悪霊は悪い記憶と思考の中へ入り、善霊は善い記憶と思考の中へ入る、といわれている。（「天界と地獄」２９２）。

それが霊による間接的流入である。

間接的流入といわれるのは、霊はあくまでその人間の思考と記憶に流入するのであって、霊の思考と記憶が流入するものではないからである。もし霊の思考と記憶が流入すれば、人間の思考と記憶は混乱してしまうだろう。人間の思考と記憶に流入した霊は、それが自分の思考と記憶であると信じるのである。（同）。

人間の自然的観念は、物質、時間、空間の観念により構成されている。したがって、人間は物質、時間、空間の観念が存在することに気づかないほどにも、そうした観念にとらわれ、縛られているともいえる。

それに対して、霊や天使は、物質、時間、空間の存在すら知らず、変化する状態に生きているからである。

そして、人間には霊による間接的流入があるため、霊や天使の愛と知恵、善と真理にかかわる状態における情愛が流入すると、相応により人間の思考に変化する。それは聖書における霊的意義と文字の意義の相応と同じ関係にある。

4 時間と状態の変化

「神的なものは、空間を離れて、すべての空間の中に存在するように、時間を離れて、すべての時間の中に存在している。」（『神の愛と知恵』73）。

物質現象界においては、時間と空間を測定することができる。一時間は、1900年1月1日正午における黄道上の太陽の平均角速度をもとにして定義された一秒の3600倍である。日は時間により、月は日により、年は月により測ることができる。

物質現象界では、太陽の可視的な回転と年毎の運動により、時間の測定が可能である。しかし、霊界では異なっている。霊の生命の進行は、時間内に起るようにみえているが、そこの時間は、物質現象界のように期間に分割されていない。それは、霊界の太陽はたえず東にあって、動かないからだ。

「天使は、時間とは何であるかを知らず、時間が言われると、代って状態を認める。それで、状態が時間を決定するときは、時間はたんに外観に過ぎない。状態の歓喜が時間を短くみせ、状態の愉快でないことが時間を長くみせるからだ。このことから、霊界の時間は状態の性質以外の何ものでもない。」（同73）。

一日のんびりできる時間があったとする。その日一日が非常に愉快に過せたとしたならば、一日があっという間に過ぎ去り、10時間が5時間にしか思えないだろう。ところが、その日に心を悩ます心配事があったとしたならば一日がどれほど長く感じられることだろう。悲しい一日は、楽しい一日の何倍の長さにも感じられる。

こうしたことにより、時間は思考を生む情愛の状態に依存する外観にすぎないことが明らかである。これは、われわれが旅をしながら、列車の中で物思いに耽っている時、距離にも起こる。楽しい旅は、時間と距離を早く、短く感じさせるが、退屈な旅は、時間と距離を遅く、長く感じさせる。

このことから、霊界では、時間の進行と空間を通って進む距離が一致している。例えば、情愛から発する思考に属する願望に順応して、進んでいる道が短くされたり、長くされたりする。

愛と情愛、知恵と認識、意志と思考は、時間と空間の中には存在しない。神的なものは愛と知恵そのものであるから、時間と空間の中には存在しない、といわれている。（「神の摂理」49）。

時間から存在する春、夏、秋、冬の四季、朝、昼、夕、夜の一日、少年期、青年期、壮年期、老年期の一生については、人間は時間から考えるが、天使は状態から考える。

「春と朝は、天使たちが第一の状態の中で受ける愛と知恵の状態の考えに変り、夏と昼とは、第二の状態の中で受ける愛と知恵の状態の考えに変り、秋と夕は、第三の状態の中で受ける愛と知恵の状態の考えに変り、夜と冬は、地獄にあるような状態の考えに変っている。これが、そうした事柄が聖言《ことば》のこうした時間により意味されている理由である。」（「天界と地獄」166）。

これは、物質現象界の時間と天界の状態の変化には相応があるためである。

天使の状態の変化により、愛と信仰、知恵と理知における生命の状態の変化が意味されている。

天使は、愛と知恵においてはいつも同じ状態にはいない。天使は、強い愛と知恵の状態にいるときと、それほど強くない愛と知恵の状態にいるときがある。その状態は、最高度から最低度へ序々に減速している。

朝は、天使の愛が澄明になっている状態に相応し、昼は、知恵が澄明になっている状態に相応し、夕は知恵が薄暗くなっている状態に相応し、夜は、愛も知恵もない状態に相応している。しかし、夜は、天界にいる者たちの生命の状態には相応していない。彼らには、朝に先立つ夜明けが相応しているが、夜は地獄にいる者たちに相応している。（同155）。

物質現象界と霊界との間には、このような物質的なものと霊的状態の相応があるため、人間と天使も同じような相応の関係にある。

「天使が人間と話すときは、人間に特有な自然的な考えによって話さないで霊的な考えにより話す。自然的な考えは、時間、空間、物質、そうしたものに類似したものから発している。その霊的な天使の考えが、人間のもとに流れ入ると、一瞬に、自ずから人間に特有な考えに変化し、その自然的な考えは、霊的な考えに完全に相応する。それは、天使や人間に知られていないが、人間のもとに注がれる天界の流入はすべてそのようになっている。」（同１６８）。

物質、時間、空間は、自然に特有なものであって、人間の思考と観念はすべて自然的なものに根ざしている。しかし、霊的なものは、自然的なものを離れて、状態と状態の変化にある。

「自然的な人は、もし時間と空間と物質的なものの考えが取り去られるならば、自分には思考がなくなるだろう、と思われるかもしれない。人間の思考は、すべてその考えの上に基礎づけられているからである。しかし、人間は時間と空間と物質を帯びているかぎり、制限され、限定されているが、そうしたものを帯びないのに応じて、制限されず、拡がっていくことを知らなくてはならない。心は、それに応じて、形体的な世的なものの上に高揚されるからである。そこから、天使たちは知恵を得、世のものから構成されているような考えの中に入らないため、把握できないものと呼ばれているようなものを得ているのである。」（同１６９）。

人間は、物質、時間、空間の観念にとらわれているために、神、霊、霊界といった霊的観念を把握することができない。そうした霊的観念は、人間の物質、時間、空間の観念を超越しているからである。

人間の観念はすべて物質、時間、空間の観念を帯びている。人間は、そうした観念を離れて、何も考えられなくなっている。そのために、人間は、物質、時間、空間の観念の外に存在する神、霊、霊界といったものを認識することができないのである。

5 外観の変化と用の相応

霊界は外観では物質現象界に似ていることを知らなくてはならないといわれている。（「神の愛と知恵」３２１）。

霊界には、物質現象界のように、平地、野、山、岡、谷、平原、湖、川、泉などの鉱物界に属するものが見られる。また、楽園、庭園、森、林、木、灌木、植物、花など植物界に属するものが見られる。そこには、あらゆる種類の獣、鳥、魚などの動物界に属するものが見られる。

「その大部分は、地上のものに似ているが、形はさらに完全で、豊富である。」（「天界と地獄」１７１）。

旧約聖書の預言者たちから見られたものは、そうした天界の事物であった。ダニエルから見られたもの（7章～12章）、黙示録に記されたヨハネによって見られたもの、こうしたものが天界が預言者たちに開かれたとき、見られたのである。

霊界で見られるものは、大部分は地上のものに似ているものの、本質では似ていない。それは、霊界のものは霊界の太陽から存在する霊的なものであり、地上のものは自然の太陽から存在する自然的なものだからである。

霊界のものは、物質現象界のもののように固定していず、定着していない。（「神の愛と知恵」３２１）。

霊界のものは、天使とその周囲に、天使によって生み出され、創造されたかのように形をとり、存在している。それが天使によって生み出され、創造されているかのように存在していることは、その天使が立ち去ると、あるいはその社会が他の場所へ移ると、それらのものがもはや現れなくなるということによりみられる。また、この天使に代って、他の天使が来ると、その周囲の外観は一変する。庭園では樹木の種類が変化し、花園では花と種子の種類が変り、動物や鳥や魚の種類も変ってしまう。

「このように変化するのは、これらのものは天使の情愛と思考にしたがって形をとるからである。それらは、相応したものであるからだ。相応するものは、そのものが相応しているものと合して一つのものとなっているため、それはその相応しているものを現す映像となっている。これらのものの形を観察するときは、その映像を認めることができないが、これらのものを用として観察するときには認めることができる。天使は、その眼が神により開かれて、用の相応からこれらのものを見るとき、その中に天使自身を認めることをみることができる。」（同３２２）。

天使の周囲に存在しているものは、すべて天使の情愛と思考に相応している。それらは、天使との相応を現す天使の映像となっているからである。それらの形は、天使の用の相応として見るとき、天使の映像を認めることができる。

また、創造された宇宙に存在するものは、すべて人間の中に存在する情愛と思考ばかりでなく、身体の器官や内臓に相応したものとなっている。しかし、それは、原質としてこれらのものに相応しているのではなく、すべて用として相応している。（同３２４）。

「宇宙のすべてのものは、「人間の」と映像となって人間に関わりを持っているため、アダムの知恵と理知は、あらゆる種類の木や川や宝石や金があり、彼の名付けた動物もいた『エデンの園』により記され、そのすべてにより、アダムの中にあって、人間と呼ばれるものを構成するものが意味されている。」（同３２５）。『庭園』により理知が意味され、『エデン』により愛が意味され、『東』により神が意味されている。『東の方のエデンの園』により、神から愛を通して流れ入ってくる天的な人の理知が意味されている。（「天界の秘義」98）。

「このことから、宇宙のすべてのものは、用から観察するならば、人間の映像となって人間に関わりを持ち、これが神は人間であることの証しとなっている。前述したものは、天使からではなく、神から天使を通して周囲に形をとっているからである。それらは、天使へ注ぐ神の神的な愛と神的な知恵の流入から形をとり、天使は受ける器であって、このすべては、その眼前に宇宙の創造のように生み出されているからである。

それらは、天使へ注ぐ神の神的な愛と神的な知恵の流入からその形をとり、天使は受ける器であって、このすべては、その眼前に宇宙の創造のように生み出されているからである。このことから、神は人間であって、創造された宇宙はその用において観察するならば神の映像であることを彼らは知るのである。」（「神の愛と知恵」３２６）。

創造された宇宙は神の映像である。それは、神の被造物のあらゆるものは、神による宇宙の創造が形をとどめているからである。

神の愛と知恵の受容者である天使の周囲にその外観が現れているが、それは天使の内部の愛と知恵の映像として現れている。

その映像が用の相応であることは、宇宙の創造の目的から知ることができる。

「太陽、大気、地のようなものは、すべて目的への手段にすぎない。創造の目的は、大気を通し地から、太陽としての神により生み出されたものである。これらの目的は用と呼ばれる。これらの全範囲は、植物界のすべてのもの、動物界のすべてのもの、最後に人類と人類から発する天使的天界である。

これらが用と呼ばれるのは、これが神的愛と神的知恵を受ける器であるからである。また、これらがこれらを存在させている創造者たる神と関係し、神をその偉大なる業に連結させているからである。これらが神から発生したように、神から不断の存在を得ていることが生じている。」（同３０７）。

用が創造の目的であることは、次のようにいわれている。

「創造者たる神からは、用を除いては何ものも形を得ることができない。それ故、用を除いては何ものも創造され得ない。それは、用であるためには他の者のために存在しなければならないこと、また、自己のための用は自己が他の者に役立つ状態にあることを目指しているから、自己のための用も他の者のためであることを考察するとき、用が創造の目的であることが明らかである。」（同３０８）。

用が神の創造の目的であるため、用が世界のあらゆるところにその形をとっている。しかし、用には善い用と悪い用がある。

「よいものはすべて神から発し、悪いものはすべて地獄から発しているため、善い用以外は神によって創造されず、悪い用は地獄から生まれた。」（同３３６）。

「神から発する用により、人間の合理的なものを完成し、神から霊的なものを受けるすべてのものが意味される。しかし、悪い用により、人間の合理的なものを破壊し、人間が霊的になることを不可能にするすべてのものが意味されている。」（同３３６）。

物質現象界は、天界と地獄の均衡により存在しているため、天界と地獄のあらゆるものが存在している。「霊界から原因を得ていない、霊界から起原を得ていないものは、一つとして自然界に形をとっていない。そして、善は神から発し、悪は地獄から発していることを知らない限り、善い用も悪い用も神から発し、すべてのものは自然の太陽から創造されたという二つの誤謬から救われることができない。」（同３３９）。

「地獄には、悪い用であるすべてのものが見られる。蛇、さそり、おろち、わに、虎、狼、狐、豚、ふくろう、こうもり、ねずみ、二日ねずみ、蛙、いなご、くも、多くの種類の昆虫、あらゆる種類の野生動物、また毒にんじん、アコニット、植物と土のあらゆる種類の毒、人間に有毒な致命的なすべてのもの。

このようなものは、地上と地中のようなものと寸分たがわず地獄に現れている。それらは、そこに現れるといわれるが、地上のようにそこにあるのではない。それらは、地獄にいる者たちの悪い愛から群がり出てくる諸々の欲念との相応であって、他の者の前に、それ自らをこうした形を以て現しているのである。地獄には、このようなものがあるため、地獄は、死体、糞、尿、腐敗物の悪臭に満ち、そこの悪魔的な霊は、動物が悪臭を歓ぶように歓んでいる。」（同３３９）。

物質現象界に存在するものは、善いものは神から発し、悪いものは、地獄から発している。人間はその中に生れ、天界と地獄の均衡の下に置かれ、いずれをも選択できる意志の自由を持っている。

そして、すべてのものは用の秩序にある。善い用とは、行為の形をとったすべてのよいものであり、悪い用とは、行為の形をとったすべての悪いものである。

6 内部の相応

「天界に存在するものは、地上に存在するものと同じようには存在していない。天界のあらゆるものは、天使たちの内部との相応にしたがって、神から存在している。」（『天界と地獄』１７３）。

天使たちは、内部にある意志と理解が愛と信仰を受ける器である。天使たちの周囲の外観はその内部に相応している。

天界には社会があり、天使たちは人間として住んでいるから、彼らは住居を持っている。この住居は、天使それぞれの生命の状態に応じて種々様々である。

このことについては、次のようにいわれている。「天使たちと顔と顔を合せて語ったときは、いつも彼らのその住居の中にいた。この住居は、地上の家とよく似ているが、それよりもさらに美しい。その中には、おびただしい部屋、客間、寝室があり、中庭もあって、庭園、芝生、植込みに囲まれている。彼らが共に組になって生活している所では、その家々は互に隣り合せになっていて、町の形に配列され、地上の町と同じように、大通り、街路、公共の広場があった。」（同１８４）。

「時に、表現を絶した壮麗な天界の宮殿を見たことがある。それは、上は純金でできているように、下は宝石でできているように輝いていた。内部の部屋は、それを表現する知識も言葉もないほどの装飾でかざられていた。〈………〉」。

これが天界の建築であって、そこでは、技術はその技術そのままに存在していると言ってもよいものである。その技術は、それ自身天界から来ているため、驚くに当らない。こうしたものが、またそれよりも完全な無数なものが、神により、彼らの眼前に示されているが、それによって眼以上に心が喜ぶ、と天使たちは言った。それにより、私たちはあらゆるものの中に相応をみ、相応により神的なものをみるからである、と彼らは言った。」(同185)。

「家や宮殿ばかりでなく、その内と外にあるものは、すべて天使が神から得ている内的なものに相応している。

家は天使の中にある善に相応している。家の中にあるものは、その善をつくり上げている様々なものに相応している。外側のものは天使が善から得ている諸真理に相応し、同じく認識と知識に相応している。それは、天使が神から得ている善と真理に相応しているため、その愛に相応し、そこからその知恵と理知に相応している。それは、愛は善に属し、知恵は善と真理の結合したものに属し、理知は善から発する真理に属するからである。」(同186)。

霊界では、あらゆるものが物質現象界のように場所と空間の中に現れているが、霊や天使は場所と空間の概念も観念も持っていない。

「霊界では、場所から場所へ行くことは、すべて内部の状態の変化により行われるため、場所の変化は状態の変化以外の何ものでもない。そのようにして神により諸天界へ連れていかれ、宇宙の諸々の地球へ連れていかれたのであって、身体は同じ場所にとどまっていたのである。このようにして天使たちの運動は起っていて、そこから彼らは距離を持っていず、空間も持っていず、そうしたものの代りに状態とその変化を持っているのである。」(同192)。

「場所の変化はこのように起るため、近づいていることは内部の状態が類似していることであり、離れていることはそれが類似していないことである。このことから、類似した状態にいる者たちは互に近くにおり、類似した状態にいない者たちは遠ざかっている。

天界の空間は、内なる状態に相応した外なる状態以外の何ものでもない。諸天界が相互に明確に区別され、各天界の社会も、各社会の個人も相互に区別されているのはこの原因から起っている。このことから、地獄は天界から分離している。それらは相反した状態にあるからである。」（同１９３）。

「同じ理由から、霊界では、天使や霊は他の者に会いたいと切に望みさえするなら、その者の前に現れる。天使や霊は、その者に会いたいと切望することによって、その者を思いの中でみ、その者の状態に自分自身をおくからである。その反対に、天使や霊が他の者に反感を抱くなら、その者が遠ざかってしまう。そして、反感は情愛が対立し、思考が一致しないことから発するため、霊界では、数人の者が一つ所に共にいる時は、いつでも、互に一致しているかぎり互に他から見られているが、一致しなくなると、すぐに消えてしまうということが起っている。」（同１９４）。

霊界では、場所の移動は行く者がそのことを強く願うときには、そこに速く到達するが、そうでないときには、のろのろと到着する。道そのものは同一であっても、願望によって長くも短くもなる。このことから、距離と空間は、霊や天使の内部の状態に順応していて、空間はあっても、空間の概念も観念も彼らの思考には入ってこない。

このことは、人間の思考が空間に属していないということから説明できる。人間が思考の中で強く考えるものは、人間の前に現にあるものとしておかれているからである。

「こうしたことの最初の原因そのものは、神が各々のもとに愛と信仰に応じて現存し、あらゆるものはその現存に応じて近くにも遠くにも現れるということである。そこから、諸天界のあらゆるものが決定されているからである。それによって、天使たちは知恵を持っている。それにより、彼らの思考は拡げられ、天界のあらゆるものが伝達され、人間のように自然的に考えるのではなく、霊的に考える能力を得ているからである。」（同１９９）。

神は遍在しているため、あらゆる霊、天使、人間の中に愛と信仰に応じて現存している。そして、霊や天使は愛と信仰の度に応じて、神からの距離が定められているため、その近くにいる者は大きな知恵を得ていて、それが遠ざかるにつれて受ける知恵も小さくなっている。神との霊的類似の度合により、霊的な変化が生じているため、霊界における時間とその経過、空間と距離は、霊や天使の内部の状態に順応している。

そうしたことが生起するのは、すべての被造物には、神の映像があり、神の遍在があるからである。

第7章

心の反映と用の秩序

1 死んでいるものと生きているもの

自然界の太陽と霊界の太陽が存在することを述べてきたが、このことについては、次のようにいわれている。

「愛は、それ自身において観察されるならば、生きており、その火の外観は生命であるが、反対に、元素の火は、それ自身において観察されるならば、死んでいる。その各々の太陽から発し、存在するすべてのものもそれと等しいものである。」（『霊魂と身体の交流』10）。

愛の生命から生み出された霊魂は、生命の流入を受ける器であるため、生きたものである。しかし、自然の太陽から生み出された物質的なものは、すべて死んだものであり、それが生み出す作用は、内部からの生命の活動によるものである。

自然の太陽は、純粋な火であるため、そこからつくり出された地球の空気も水蒸気も土も死んだものである。そして、これらのすべてのものは、霊界の太陽から発し、流れ出ているものに囲まれている。それらがこのように囲まれていない限り、土は刺戟を受けて活動することができず、植物の用の形も、動物の生命の形も生み出すことができず、人間の存在を可能にした素材を提供することができなかっただろう。

「すべての働きには、能動的なものと受動的なものがある。能動的なもののみでも、受動的なもののみでも何ものも存在しない。霊的なものと自然的なものも同じである。霊的なものは、生きた力（ｆｏｒｃｅ）であるため、能動的なものである。自然的なものは、死んだ力であるため、受動的である。ここから、この太陽系の世界に始めから存在し、その後、各瞬間存在しているものは、すべて霊的なものから自然的なものを通して発生しており、動物界のもののみでなく、植物界のものにも行われていることが推論されるのである。」(同11)。

霊的なものは生きているものであるが、自然的なものは死んでいるものである。それは、霊界と物質現象界にあるすべてのものにいえるため、空間と時間についてもいえる。

「土地を形作っている自然の最低のものは、死んでおり、霊界のように情愛と思考の状態に応じて、変化したり、変更したりしないで、不変で、固定しているため、空間と距離が存在している。このようなものが存在するのは、創造はそこに終って、停止したからである。このことから、空間は自然の特質である。それは、霊界のように生命の状態に応じた空間の外観ではないため、死んでいると呼ぶことができるだろう。」(「神の愛と知恵」160)。

霊界の外観は、そこにいる霊や天使の情愛と思考の状態に応じて変化している。しかし、物質現象界における物質は、固定しているため、空間と距離が存在している。したがって、前者は生きているが、後者は死んでいるものである。

物質現象界において生きているものは、植物、動物、人間等の生命のあるもののみである。生物が生きているのは、霊界からの流入によっている。

「時間も、同様に固定し、不変であるため、自然の特質である。一日の長さは常に24時間であり、一年の長さも絶えず365日と4分の1であるからだ。この期間を変化させる光と影、熱と寒さの状態もまた規則的に循環している。〈……〉。このすべての状態は、霊界におけるような生命の状態ではないため、同じように死んでいる。霊界には不断に光と熱があり、光は天使の知恵の状態に、熱は愛の状態に相応し、これらのものの状態は生きているからである。」（同161）。

神により生きた太陽を通して、自然の太陽が創造された。そして、創造された太陽により、地にあるものがつくられたのである。

「すべてのものは、最も外なるものの中に固定、確立し、一定し、そして永続し持続する形が存在するようにとの目的から、死んだ太陽が創造された。この方法にのみ創造が基礎づけられ、それ以外のものには基礎づけられてはいないのである。その中に、その上に、その周囲にものの存在している水陸の地球が、一種の基底、支柱となっている。それは、その中にすべてのものが終止し、その上にすべてのものが基礎づけられている最も外なる業であるからである。また、それは、そこから創造の目的である結果が生み出される一種の子宮（ｍａｔｒｉｘ）である。」（同165）。

創造の基礎である大気と物質の起源については、次のようにいわれている。

「大気は低いものに進むと〔活動が〕減退するため、それは絶えず圧縮されて、不活発なものとなり、静止した原質になり、自然では地にあって物質と呼ばれるもののように固定するようになることが生まれている。」（同302）。

大気については、次のように述べられている。

「愛、知恵、用は、神の中にあって、神であるため、神は何処にもおられるから――神は遍在されているから――神は、神自身をあるがままに、神自身の太陽の中にあるがままに、天使にも人間にも示されることができないため（神を見る者は死滅すると聖書にあるように、誰も神の直接の熱と光には耐えることができないため）、受け入れることのできるものにより自身を示されている。神は、神自身を、愛については熱により、知恵については光により、用については大気により示されている。用が愛と知恵の容器であるように、大気は熱と光の容器であるため、神は用の方面では神自身を大気により示されている。神的な太陽から発している熱と光は、無の中に、空所（vacum）の中に発することができず、主体である容器の中に発しなくてはならないからである。この容器は、大気と呼ばれ、太陽を囲み、太陽をその胸に受け、天使の存在する天界へそれを運び、次に人間の存在する世界へ運び、そうして神が何処にもいられるようにしている。」（同299）。

神の創造は、最も外なる、究極のものである物質現象界に終結した。そして、物質現象界を基底、基礎として霊界が存在して、用を通して人間から神へ連結される壮大な用の秩序が形成されたのである。

2 内部の映像と天界の幸福

われわれの住んでいる世界は、物質現象界と呼ばれている。それは、物質と現象よりなっているからである。物質は形をなし、現象は現れとしてある。そして、形と現れの世界は、仏教では、空虚・仮構にあるものだといわれている。それは、形は死んでいるものであり、現れは反映にすぎないからである。

創造された世界は神の映像である、といわれている。

それは、霊界における天使の状態から知ることができる。

霊界にも三物界（鉱物界、植物界、動物界）のすべてのものがあり、その真中に天使がいるが、天使は自分の周囲にそれらのものを眺め、それらのものが自分自身の内部の表象（心の反映）であることを知っている。

天使の周囲にあるものは、その内部に応じて神の摂理により一瞬にして創造される、といわれている。そのようにして創造された形は、天使の情愛と思考に相応したものとなっている。それらの形は、いわば相応しているものを現す映像となっている。

「理知にいる者たちに、あらゆる種類の木と花に満ちた庭園と公園が示されている。木は極めて美しい秩序をもって植えられ、集められて、アーチ形の入口があって、周りには散歩道のある園庭を形作っている。それは言葉では表現できないほどにも美しい。この中を理知にいる者たちは、歩んで、花を集めて花環を作り、それを小さな子供たちにかけてやっている。実際、そこには地上では見ることのできない、存在しない数種類の木や花がある。木は、理知的な者たちの愛の善に応じて、果実を実らせている。彼らは、庭園と公園、果樹と花が理知と知恵に相応していることから、そうしたものを見ている。」（「天界と地獄」176）。

庭園と楽園は理知と知恵を意味している。また、木は知恵と理知を生み出す認識と知識を意味している。創造されたものの形を見るとき、相応しているものを現す映像を認めることはできないが、これらのものを用として見るときには認めることができる。天使は、神により眼が開かれて、用の相応からこれらの形を見るとき、その中に天使自身の映像を認める。

「霊界の高い部分に天界があり、低い部分に霊たちの世界があり、すべてのものの下に地獄がある。」（同583）。

天界は美しい所であるが、地獄は恐ろしい所である。

「私は地獄をのぞきこんで、その内部を見ることを許された。神がよしとされる時は、天使や霊は、それがおおわれているのにも拘らず、下の深淵を上から見通して、その性質を調べることができるからである。〈……〉。

地獄の大半は、三重になっていて、上の方には、悪の誤謬にいる者たちがいるため、暗闇にとざされているが、下の方は、悪そのものにいる者たちが住んでいるため、火のように見える。暗闇は悪の誤謬に、火は悪そのものに相応している。

深い地獄には、内的な悪から行動した者たちがいるが、それほど深くない地獄には、外的な悪から、悪の誤謬から行動した者たちがいる。ある地獄には、火事で家や町が焼けた跡のようなものが見られ、そこには奈落の霊たちが隠れ住んでいる。それよりは穏やかな地獄には、粗末な小屋のようなものが見られる。ときには、街路や小路のある町のように、互に隣接していて、その家の中には、奈落の霊たちがいて、絶えず憎み合い、いがみ合い、口争いや打ち合いをしている。街路や小路には、強奪、掠奪が行われている。

地獄の或る所には、売春宿ばかりがあって、見るも吐気をもよおさせる汚物と排泄物に満ちている。密林もあって、奈落の霊が野獣のようにぶらついていて、そこにも地下の穴があって、追いかけられている者がそこへ逃げこんでいる。沙漠もあり、不毛の砂以外何一つなく、或る所にはごつごつした岩があって、その岩の中に洞穴がある。或る所には小屋がある。こうした荒地へ極端な刑罰を受けた者たち、特に世で奸策や詐欺を狡猾に計画し、案出したやからが、地獄から追放されている。彼らの最後の運命はこうした生活である。」（同５８６）。

天界は、善と真理、愛と知恵に相応した美しい世界であるが、地獄は、悪と誤謬、欲望と執着に相応した恐ろしい世界である。

霊界にあるものは、すべて生きているが、用の相応としての映像である。

天使は、素晴らしい景色や壮麗な宮殿を見ても、その美しさに感動するのではなく、それが、善と真理、愛と知恵にかかわる表象物であるため、その内部的なものに感動するのである。

「天界の喜びと永遠の幸福」について、世から霊界へ来た人々がどのように考えているのかという問題に関するエピソードが語られている。

基督教世界の西の方から来た賢人たちは次のように語った。

「天界の喜びと永遠の幸福は、アブラハム、イサク、ヤコブと共に酒宴を開くことにあります。」

そこで、ラッパを持った天使は、彼らを導き、両側に15の食卓のある広々とした場所に来た。

「第一の食卓はアブラハムのためであり、第二はイサク、第三はヤコブ、その他は使徒のためであります。」

彼らは祝宴に招かれ、第一日はアブラハムと共に、第二日はイサクと共に、第三日はヤコブと共に、第四日はペテロと共に、第五日はヤコブと共に、第六日はヨハネと共に食事をし、このようにして第十五日まで他の人々と共に、順次食事をしなくてはならない。その後は、再び同じように続く祝宴になり、その度毎に席を変え、これを永遠に繰り返さなければならない、と告げられた。

彼らは、自分の家と業務に帰ることを切望した。しかし、森の監視人たちに引き止められ、その宴会の日数について、ペテロと共に食事をしたかどうかについていただされた。彼らと共に食事をしないうちに去ることは彼らを恥ずかしめることになる、と告げられた。

「私たちは喜びには飽きあきしました。口の中は乾き、胸はむかつき、食事の味に我慢ができません。私たちは祝宴に数日数夜を過ごしました。私たちは切にここから出して頂くように願っております。」

そこで、彼らは外に出されて、一目散に家に逃げ帰った。帰途、天使はその一行に次のように教えた。「世と同様に、天界には、食物、飲物、祝宴、饗宴があり、そのうちには、心を楽しませ、爽やかにする美味しいものが含まれています。遊戯、演劇、声楽、音楽もあり、最高の完全性をもっています。このようなものは悦楽でありますが、幸福ではありません。幸福は、あらゆる真の悦楽の中心にあり、それらを豊かにし、維持し、その腐敗を防ぎます。そして、この幸福は、或る有用な業務から生じます。あらゆる天使の意志には、その心を静め、満足させるところの或る業務を成就しようとの秘めやかな意向があります。神は、このように静められた彼の心へ、用への愛を注ぎ込み、それと共にあらゆる悦楽の生命そのものである幸福をもたらされます。天界の食物は、その本質において、愛、知恵、用の結合以外の何ものでもありません。愛が生まれ、知恵によって形成される用であります。この理由から、食物が天界のあらゆる者にその成就する用にしたがって与えられ、最も優れた食物は最高の用を成就する者たちに与えられております。」（「眞の基督教」７３５）。

天界の喜びと幸福は、楽しんで遊び暮すことではなく、与えられた用を成就し、そこに喜びと幸福を感じることにあったのである。用は、愛と知恵が結実する容器であり、神の創造の目的であったからである。

遊戯、演劇、音楽といったものは、心を楽しませる悦楽であるが、幸福ではない。天界の幸福は、有用な業務を遂行し、そこに満足を見出すところにある。有用な業務を遂行する幸福が中心にあって、用の余暇に行われる遊戯、演劇、音楽といった悦楽が豊かにされ、維持され、喜ばれるものとなる。

天界の天使の喜びと幸福は、世から行った人々が考えていたようなものではなかった。しかし、天使の喜びと幸福が用をなすこととその満足にあったことは、世に暮す人々にとって非常に示唆に富んだ事実であったことは確かである。そこに世に暮すことの意味、そこにおける人間の生き方について考えさせるものがあるからである。

3 創造の映像と用の形

物質現象界は形と現れの世界である。

形は用を中に包んだものにすぎない。そして、用は生命から発している、といわれている。(「神の愛と知恵」46)。

用は愛と知恵とのかかわりからみると、次のようになる。

「愛は目的であり、知恵は手段となる原因であり、用は結果である。用は、愛と知恵の合成体、容器、基底である。用は、合成体、容器であるため、愛のすべてのものと知恵のすべてのものがその中にある。用は、それらのものがすべて現存しているところに存在している。」(同213)。

これまで述べてきたように、人間には、何を愛するかという目的があり、その目的を達成するための手段となる知恵があり、それが結果として現れたものが用である。

目的が神と法への愛、他への愛といった愛であれば、天界から天使的霊を通して知恵が流入し、そのための用が結果として現象化する。ところが、目的が自己への愛、世俗への愛といった欲望であれば、地獄から悪霊を通して執着心が流れ込み、そのための用が結果として現象化する。

物質現象界において、人間が用をなす形はみな同じであるが、用の形に含まれている愛と知恵、欲望と執着はそれぞれに異っている。それは、人間の心の方向と心の在り方に応じて、目的、原因、結果の内容が変わってくるからである。

用のすべての形には、創造を映し出している一種の像がある、といわれている。(同３１３)。

「植物界の用の形の中には、創造の映像は以下により現れている。その形は、最初のものから最も外なるものへ進み、最も外なるものから最初のものへ進んでいる。その最初の形のものは種子であり、最も外なるものは皮をつけた茎であり、その形は、茎の最も外なるものである皮により、最初のものである種子へ向っている。皮層を着けた茎は、用のすべてを創造し、形作っている土を着けた地球を表している。」(同３１４)。

宇宙の創造は、最初のものから発して、地である最も外なるものへ進み、この外なるものから用を通してその最初のものである神へ進んだことが明らかであり、全創造の目的は用であったのである。

「この創造の映像に自然界の太陽の熱、光、大気は何ものも寄与していない。それをなすものは、霊界の太陽の熱、光、大気であって、それがその映像をもたらして、植物界の用の形を着けさせている。自然界の熱、光、大気は、種子を開き、その種子から生まれるものを膨張状態におき、これに固定性を与える物質を着せるにすぎない。そして、このことも、自然の太陽から発した力によりなされ、その力により自然的な力は絶えずこれらの業へ推進されている。自然な力は創造の映像を形づくることには寄与していない。創造の映像は霊的なものであるからだ。しかし、この映像が自然界に明らかに示されて、用を遂行し、固定し、恒久的なものになるためには、それは物質化されねばならない。その世界の物質をもって内を満たされねばならないのである。」(同３１５)。

植物の成長によって、あらゆる種類の動物が養われるため、その成長を通して、動物界のために用を生み出そうとする力がある。さらにこの力の中に最も内部的な力、人類のために用を遂行しようとする力がある。「動物界の用の形の中にも類似した創造の映像がある。最も外なるものである動物の身体は、胎または卵の中に貯えられた精液により形作られ、身体が成熟すると、新しい精液を生み出している。この進行は植物界の用の形の進行に類似している。」（同３１６）。

この類似から、植物の形にも動物の形にも、最初のものから最も外なるものへ、最も外なるものから最初のものへ進むことにより、創造の影像がある。

「人間の個々のものにも類似した創造の影像がある。愛は知恵を通して用へ進み、意志は理解を通して行為へ進み、仁慈は信仰を通して業へ進んでいる。意志と理解、仁慈と信仰はその源泉として最初のものであり、行為と業は最も外なるものであり、この最も外なるものは、意志と理解、仁慈と信仰である最初のものへ、用の楽しさにより還っている。その還ることが用の楽しさによりなされていることは、愛から発している行為と業の中に感じられる楽しさから明白である。行為と業は、それを発生させている愛の最初のものへ流れ還って、連結が生まれている。行為と業の楽しさは用の楽しさと呼ばれるものである。」（同３１６）。

こうしたことから、創造されたものの用は、人間へ昇り、人間を通して、それを存在させている創造者なる神へ昇っている。創造の目的は、最も外なるものの中に形をとり、その目的はすべてのものが創造者へ還って、連結が生まれることである。

「人間は、大宇宙、宇宙の全総合体を表わすことから、古代人により、小宇宙と呼ばれた。しかし、なぜ人間が古代人によりそのように呼ばれたかは現今知られていない。宇宙については、人間が動物界と植物界から身体の生命と栄養を得ていて、その熱により生きた状態におかれ、その光によって見、その大気により呼吸し、聞いているということ以外には何事も人間の中には明らかではないからである。そして、これらのものは、宇宙がそのすべてのものとともに大宇宙であるように、人間を小宇宙とはしていない。古代人は、最古代の人々が持っていた相応の知識から得た真理から、天界の天使との連なりから、人間をミクロコスモス、小宇宙と呼んだのである。天界の天使たちは、自分の周りに見るものから、宇宙のすべてのものは、用の方面で観察するならば、人間の映像となって、人間を表象していることを認めるからである。」（同３１９）。

宇宙の創造は、最初のもの（神）から最も外なるもの（物質現象界）へ進み、この最も外なるものから用を通してその最初のものである神へ帰っている。

用の秩序は、こうした創造の形を映し出している映像が植物の形にも動物の形にも現れていることを示している。そして、用の秩序は、人間にもそうした創造の映像があることが示されていて、すべてが目的、原因、結果の関係にある。愛は知恵を通して用へ進み、意志は理解を通して行為へ進み、仁慈は信仰を通して業へ進んでいる。愛と知恵、意志と理解、仁慈と信仰は、目的と原因として最初のものであり、最も外なるものである用、行為、業の結果として現れている。

それが用の秩序としての創造の影像であることは、生命を持つものに用の形を見ることによって認めることができる。

宇宙のすべてのものは、用の観点からみれば、人間の映像となっているため、古代人が人間をミクロコスモス（小宇宙）と呼んだのである。それは、創造された宇宙に形をとっているすべてのものと人間のすべてのものとに相応があるためである。

4 人間の心と用の秩序

仏教で説いたのは、色（身体と物質）が空であっても、中道に生きなさいということであった。ここに、生きることは霊的なことである。したがって、物質的なものは空であっても、生きることは霊的なものであるから、人間が物質現象界に生きることは真実なのである。それは、物質的なものは死んでいるものであるが、霊的なものは生きているものであるからだ。

物質的なものをよきものとして、あるいは自分の思い通りにすることに欲望と執着がとらわれている限り、生老病死の四苦からも、自分の思い通りにならないという四苦からも逃れることができない。四苦八苦を克服するためには、欲望と執着を離れて、愛と知恵に生きることを考えなければならない。それは、物質的なもの、現象的なものへ向っていた心を内部的なもの、霊的なものへ向き変えることに他ならない。

愛と知恵の心は高い心であり、欲望と執着の心は低い心である。

このことについては、次のようにいわれている。

「すべての楽しさは愛から流れ出ている。人間は、その愛するものを楽しいものとして感じるからであり、何人もそれ以外の源からの楽しさを持たないからだ。そこから、愛の如何に楽しさも応じていることが生まれている。身体や肉の楽しさは、すべて自己への愛と世への愛から流れ出ている。それらは感覚的な欲念と快楽である。しかし、霊魂や霊の楽しさは、すべて神に対する愛と隣人に対する愛から流れ出ている。それは善と真理への情愛であり、内的な満足である。この愛は、その歓喜と共に神から天界を経て内なる道により、上から流れ入って、内部を感動させている。しかし、前者の愛は、その歓喜と共に肉からまたは世から外なる道により、下から流れ入って、外部を感動させている。それ故、天界の二つの愛が受け入れられて、人間を感動させるのに比例して、霊魂や霊に属して世から天界を見上げる内部が開かれる。しかし、世の二つの愛が受け入れられて、人間を感動させるのに比例して、身体や肉に属して天界から世の方へ目をそらせる外部が開かれる。愛が流れ入って、受け入れられるにつれて、同時にその楽しさも流れ入ってくる。楽しさはすべて愛から発しているため、内部へは天界の楽しさが流れ入り、外部へは世の楽しさが流れ入っている。」（「天界と地獄」３９６）。

欲望と執着に基づく用は、いくら他の役に立っても、内部の浄化向上には役立たない。それは、自己への愛あるいは世俗への愛のために行われる用であるからである。しかし、愛と知恵に基づく用は、他の役に立ち、内部の浄化向上にも役立つ。それは、神と法への愛あるいは他への愛のために行われる用であるからである。

目的、原因、結果の関係が、欲望、執着、用にある場合には、結果としての用の中に、目的である欲望と原因である執着が含まれている。しかし、それらの関係が、愛、知恵、用にある場合には、結果としての用の中に、目的である愛と原因である知恵が含まれている。この両者は、同じ用でありながら、相反するほどにも相違している。

誰もが外部的には同じ用をしているように見えるが、内部的霊的には、愛と知恵による用、欲望と執着による用という違いがあって、人間の内部には、前者には天界の流入をもたらすが、後者には物質現象界の流入がもたらされる。

人間の用については、次のようにいわれている。

「人間は、内面的に神的なものを承認し、隣人の益を願っているならば、外面的には他の者のように生活することができ、富むことができ、豊かな食卓をそなえ、その地位と任務にしたがって優雅な家に住み、立派な着物を着、歓喜と満足を味わい、務めと仕事のために、身体と心の生命のために世のことにたずさわることができる。そうであるからには、天界の道へ入ることは、多くの者が信じているほど困難なことではない。ただ一つの困難は、自己への愛と世への愛に反抗して、自己と世に支配されないことである。あらゆる悪は、それが支配することから生まれるからである。」（同359）。

天界における富んだ者たちの運命は、想像を絶する豊かさにある。しかし、彼らは生活の用のためにあらゆるものを豊富に持っているが、自分の心は、そうしたものにはおかないで、用においている。

「善い用は、自分自身と自分のもの〔家族〕の生活に必要なものを供えることであり、自分の国と隣人のために豊かな富を願うことである。富んだ者は、国と隣人を多くの方法で貧しい者よりも益することができる。また、富んだ者は、このようにして有害な怠惰な生活から心を遠ざけることができる。怠惰な生活では、人間は自分の中に植えつけられている悪から悪を考える。こうした用は、その中に神的なものを持っている限り、人間が神的なものと天界を仰ぎ、その用の中に自己の善を見出し、富の中には手段として役立つ善のみを認める限り、善である。」（同361）。

同じ用をはたしていたとしても、外部的にはどうであろうと、内部的な心の方向が問題なのである。それが誰のための用なのかということである。

用の王国については、次のようにいわれている。「神の王国は、用である目的の王国であり、それと同一の目的である用の王国である。この理由から、用が至るところで、行為または結果をもって示すような形を着せられるように、そのことが、先ず天界で行われ、後には世で行われ、幾多の度を通し、継続的に自然の最も外なるものに至るまで行われるように、宇宙は創造され、形作られた。このことから、自然的なものは霊的なものに、世は天界に用を通して相応している。用がそれらを連結させている。用の着ける形は、それが用の形であるのに応じて相応となり、連結させるものとなっている。自然の三重の王国〔三物界〕では、秩序に応じて存在しているものは、すべて用の形であり、用から用のために形作られた結果であり、そのため自然のものは相応である。しかし、人間にあっては、人間が神的秩序に従って生きることに応じて、神に対する愛と隣人に対する仁慈にいるのに応じて、行為が用の形となり、人間は天界と連結する。神と隣人を愛することは、全般的には用を遂行することである。」（同１１２）。

人間は、悪を避け、神と法への愛、他への愛にいるのに応じて、行為が用の形となり、神と連結する。そこにおいて、用の秩序が完成するからである。

人間は、そうした用の秩序にあれば、富を所有し、地位と任務に応じた優雅な家に住み、食事や衣服を豊かにし、友人、知人と交際し、旅行や観劇に出かけ、身体と心の生命のために世の事柄にたずさわることには何の問題もない。

人間は、用の秩序に従うことが最も大切なことであって、後は普通一般の生活をすることには何の支障もないということである。

5 人間の選択とその住む世界

霊的なものは生きているが、物質的なものは死んでいるものである、といわれている。霊的なものは、神の生命の流入を受容する器官だからである。

霊的にあるものは、天使も霊も生きているし、そこに存在するものは天使や霊の心が生み出すものであるから、すべて生きている。しかし、物質現象界にあるものは、生命のあるものは生きているが、その他の物質的なものは死んでいるものである。いわば、宇宙は、生物以外は死の世界である。

人間は、身体を持って物質現象界に住むと同時に、その霊は霊界にいる。身体には限界があるため、いずれ死が訪れる。その時、霊は身体を離れ、死後の世界である霊界へ入っていく。しかし、死後に生き返った者はいないから、われわれ人間は、霊の存在から経験的に死後の世界を知るのみである。したがって、素直に霊の存在を認める者は、死後の世界を信じるが、合理主義思考法に優れている者は、頭脳で考えるために、感覚作用にとらわれて、容易に霊の存在や死後の世界を信じることができない。

人間の場合は、その霊が生きていて、身体は物質現象界に住むために使われているものである。人間の身体とその霊は、用として相応している。したがって、身体が物質現象界において使用に耐えなくなれば、霊は使用済みの身体を捨て去り、自らが眞に生きるべき世界である霊界へ入っていくのである。

人間は無明に生まれるために、そうしたことは何も知らない。人間は、物質現象界における身体的物質的なものと霊界における霊的なものを同時に持って生きている稀有な存在である。

人間は霊界からの流入がなくなれば、生きることができず、あるいは直接的流入や間接的流入がなくなり、三物界と同じような全般的流入を受けるのみになれば、動物と同じような音声を発するだけの存在になってしまう。

人間がこうした複雑な仕組みに創られた存在であるのは、物質現象界にあって、身体的なものである感覚作用、欲望、執着と霊的なものである霊感、愛、知恵との間で、人間がどのような選択を行い、内部が如何なる霊的なものと結びつき、死後には霊界のいずこの社会へ入っていくかが問われているためである。それは、人間における身体と霊の関係が用との相応であるように、物質現象界と霊界の関係も用としての相応にあるからである。

神の創造の目的は、人類と人類から発する天使的天界にある、といわれているが、それは、最終的には神と人間の連結を目指している。

人間は、内部にある自我、欲望、執着の強固なトライアングルと外部にある物質現象的世界にあまりにも強くとらわれているために、現在の自己についても、自分がどこから来て、どこへ行くかということについても何も知らない。そうして人間の誰もが何かを求めていて、例えば、人間として求め得るあらゆる富と権力を得たと思われる皇帝たちは競って不老長寿の薬を求めさせたのである。

結局誰もが求めるものを得られない、あるいは自分の思い通りにならないという苦を得るか、あるいは求めるものを得られたり、自分の思い通りになったとしても、それはこんなものだったのかという虚しさに至らざるを得ない。

この世の苦しみと虚しさは、あまりにも強く自己と現世にとらわれていて、自己の内部にある霊的なものについても、それが連なっている霊的世界についても、すべてが発出している根源である神についても、あらゆるものを規定している法についても何も知らないことにあるのかもしれない。それは、すべて人間が無明にあるためである。

人間は自己と現世にとらわれている限り、何も知ることができないのであって、それを解くのは、霊的なものにあるだろう。しかし、大概の人間は、合理主義思考法を信奉しているために、何か霊的な現象が生起したとしても、何も見ないし、何かを見たとしても、すぐに否定してしまう。

自己と現世に基づく固定観念ほど強いものはないことは、「第5章　4　人間の観念の世界」に述べたことから、推察できるだろう。

確に人間は合理主義思考法に凝り固まると、物質現象界の事柄はすべてこの思考法で解決できるため、あらゆる事柄に対応できると信じてしまうから、それ以外の思考法を排除してしまうことは、「第3章　人間の思考法」に述べたとおりである。

自我、欲望、執着の強固なトライアングルと物質現象的世界に強くとらわれていると、自分の感覚作用でとらえられる以外のものはすべて排除してしまうため、何かがやってきても全く受けつけない。心が無明にあるため、内部が閉ざされ、霊的なものをすべて閉め出してしまっているからである。

「第5章　1　中道の認識と実践」に述べたように、悟りは向こうからやってくる。悟りは霊的なものであるが、霊的なものはすべからく向こうからやってくる。

例えば、神と法への愛、他への愛にある者の心の状態と自己への愛、世俗への愛にある者の心の状態とでは、全く異なる在り方をしていることは、誰にでもわかることである。そうした人間の心の方向と心の在り方に応じて、霊的なものはすべて向こうからやってくる。

天界の状態に適さない者が天界へ入れば、意識は混濁し、気は狂い、心は苦しみ悶える結果になるといわれている。（「真の基督教」７３９）。

人間は物質現象界で生きているように、霊界でも生きる。天界を望むならば、天界にふさわしい人間にならなければならない。人間の在り方に応じて世界があると言っても言い過ぎではない。

人間は現在あるがままに死後も生きる。現在の自己の在り方は、過去の業の堆積であるばかりでなく、未来の自己をつくりだしているからである。

6 心の反映と人間の用

物質現象界に生起する現象は、そこに住む人間の心の反映である。それは、人間の内部に応じて、直接に、あるいは霊界を通して間接的に様々な現象を生起せしめるからである。

身体も物質も、最も外部的なものであり、霊界の基礎、土台となっているものであるから、変化せず、固定化されたものである。しかし、人間は本質的には霊であるため、その内部が天使や霊と変わらない。

霊界は霊的世界であるから、天使や霊の内部の表象により空間や場所が外観として現れている。しかし、物質現象界は自然的世界であるから、形も現れも自然的なものとなっている。

このように霊界と物質現象界は全く相違した世界であるが、人間は身体を持って物質現象界に住み、その霊は霊界にいる。そして、霊界が目的と原因の世界であり、物質現象界が結果現象の世界であるから、物質現象界に生起する現象は、人間の心の反映なのである。人間の心は霊的なものであるから、すべての原因となり得るからである。それは、霊界の外観がそこにいる霊の内部の表象であるように物質現象的なものが人間の心の反映であるのは、被造物にはすべて神の創造の映像があるためである。

すべてのものには、神の摂理が働いているにもかかわらず、人間はすべてのものを自分の思慮分別に帰していて、それに帰せられないものについては、意外なもの、偶然なものと呼んでいる。しかし、人間の思慮は無に等しく、「意外」、「偶然」は無意味な言葉である、といわれている。(「神の摂理」70)。

物質現象界に生起する現象には、偶然は一切ないというのである。それが結果現象である以上、その目的と原因はすべて霊界にあるからである。

悪現象や不慮の事故なども、すべて地獄の悪霊や魔から発している、といわれている。(「霊界日記」224)。

天界は、神により悪が先見され、善が備えられている事柄について、その調停者としてそれらが人類に有益であるため処理し、施行している。しかし、これらの事柄は、自己への愛、世俗への愛にある者にあっては、悪現象や不慮の事故に変化してしまい、人間に突然起ってくる悪はすべて地獄から激発している、ともいわれている。

神の摂理は、心が神と法への愛、他への愛にある者には、霊的なものが善と真理の方向へ働くが、しかし、心が自己への愛、世俗への愛にある者には、霊的なものが悪と誤謬の方向へ働くのである。神の摂理は公平平等に流入してくるが、それを受ける者の器の状態に応じて様々に変化するからである。

そうした現象は、神の摂理の働きである以上、偶然ではなく、すべてが必然なのである。

ただ注意しなければならないのは、心が神と法への愛、他への愛にあれば、すべてが自由と幸福をもたらし、心が自己への愛、世俗への愛にあれば、すべてが束縛と不幸をもたらすわけではないことである。それは、すべてが神により予見され、備えられているからである。

神と法への愛、他への愛にある者は、善と真理の方向へ導かれるために、あえて束縛と不幸の状態に入れられることもある。その反対に、自己への愛、世俗への愛にある者は、悪と誤謬の方向へ引き寄せられているのにもかかわらず、用のために自由と幸福の状態を享受するかもしれない。

このことについては次のようにいわれる。

「なぜ神の摂理は心の邪悪な者が高位へ上げられ、富が与えられるのを許されるかを説明しよう。不敬虔な者、邪悪な者も、敬虔な者、善良な者も同じように用を遂行することができ、さらに大きな熱意をもって活動している。彼らは、その遂行する用の中に自分自身を目標とし、名誉のために努力している。それ故、自己への愛が高まるに応じて、ますます自分自身の光栄のために用をなそうとする欲念が燃え上がる。敬虔な者、善良な者には、下から名誉への愛によって刺戟されない限り、このような火はない。神は、高位にある心の不敬虔な者を自分自身に対する関心により支配され、彼らを刺激して、その住んでいる共同体、社会、国家のために、またその同胞、隣人のために用を遂行させられる。このような人間には、これが神の統治、神の摂理の方法である。」（「神の摂理」２５０）。

神と法への愛にある者は、善と真理の方向へ導かれているが、そこに束縛と不幸の状態が現象化してくるとすれば、それはすべて用として考えなければならない。同様に、自己への愛と世俗への愛にある者は、悪と誤謬の方向へ引き寄せられているが、そこに自由と幸福の状態が現象化してくるとすれば、それはすべて用としてあるということである。

人間は身体、地位、名誉、富、評判といった外部的条件については、誰でも知ることができるため、それぞれに評価されているのだが、人間の心の方向、心の在り方、内在されているものといった内部的なものについては、隠されているため、それが評価されることはない。それは、内部的なものはあくまで本人の生き方にかかわる問題であって、他人にとっては、その人間が外部的な用を如何にはたしているかが問題であるからである。他人にしてみれば、その人間の隠された内部が善と真理にあるか、悪と誤謬にあるかということよりも、むしろその人間の他人に対する態度や行動がどうであるか、どれほどの用をなしているかが問題にされるためである。

人間の内部的なものが隠されているのは、それが人間の生き方にかかわる個人的な問題だからである。それは、人間の合理性の能力と意志の自由による選択の問題であるため、自己発出・自己帰着の法則により、その選択の結果はすべて自己が引き受けることになるからである。

それに対して、外部的なものが明らかにされているのは、それが人間の有用性にかかわる共同体的社会的問題だからである。その人間の持っている器量、性質、才能等によって、如何なる社会的適性を持っているかがはかられ、適材、適所の配置がなされれば、その国家、社会、組織が円滑に機能し、維持され、発展していくが、人間の能力と国家、社会、組織との不適応、不具合が生じれば、人間の有用性にも、国家、社会、組織の機能にも、多くの問題が生じてくることになるからである。

そのようにみれば、人間は、自己のためにその生き方を内部的に考慮し、他の役立つために外部的に用をはたしていかなければならないということである。

第8章

真理思考法の生き方

1 心の反映と用の相応

霊界においては、天使や霊には時間が意識されず、替って天使の内部の状態の変化があり、空間がなく、替って天使の周囲の外観の変化がある。そうした状態や外観は、天使や霊の内部に応じて変化している生きたものである。

物質現象界においては、時間も空間も固定されていて、生きているものではない。生きているのは、生命を与えられているもののみである。

人間はその内部が霊であるから、固定化された物質現象界に生きていても、運命的なものがその内部に応じて生起してくるものとみられる。人間は、霊としてみれば、霊界に住む天使や霊と本質的には変らない存在であるからだ。

ただ、霊界における天使や霊の内部の反映は、外観が生きているものであるから、即座に直接的に現れるが、物質現象界における人間の心の反映は、外部が死んだものであるから、その現象化には、タイムラグが生じたり、潜在化されたままになることもある。それは、霊的なものは波動がデリケートで鋭敏なものであるのに対して、物質現象的なものは波動がダイナミックで鈍重な在り方をしているためである。

霊界における天使や霊の状態の変化は、朝は愛が澄明になっている状態、昼は知恵が澄明になっている状態、夕は知恵が薄暗くなっている状態、夜明け前は愛が薄暗くなっている状態に相応している。これは、天使や霊の一日の変化としてもみられるし、春、夏、秋、冬とみれば、一年の季節の変化としてもとらえられる。

また、霊界における外観は、天使の内部の状態に応じて、樹木の種類、花の種類、動物や鳥や魚の種類が変化する。そのため、高い段階の天使が来れば、建物は壮麗になり、その内部は雅びやかになり、置物は華麗な芸術作品になり、輝やかしい金銀細工や宝石で彩られる。しかし、天使はそうしたものを見ても、そうしたものに心を置かず、そこに愛と知恵の状態を見て、用としての相応に感動するというのである。したがって、そうした外観は天使の内部の表象化されたものであり、その内部が向上されれば、一層美しく浄いものとなるが、それが堕落すれば、醜くく汚れたものになってしまう。

実際世的な妄想に耽って、心が欲望と執着に満たされたために、天界から転落してしまう天使がいる、といわれている。しかし、天使が浄い心を取戻せば、再び天界へ上げられるということである。天使の中にある世的なものに対する欲望と執着は、消滅されたわけではなく、心の周辺に除けられているだけだから、いつ中心に戻ってきて、支配的な愛になるとも限らないからである。

霊界においては、天使や霊の内部が彼らの周囲の外観として直接的に表象される。それは、外部が内部の用として相応しているからである。

物質現象界においては、外部は固定化されているため、人間の内部が直接的に顕在化することはない。しかし、人間は本質において天使や霊と同じ霊であるから、その内部が用の相応として外部へ現れて来ることはさけられない。

天界の天使や霊の内部は、美しい庭園や建築物、おとなしい牛や羊などの家畜類として外部へ表象される。しかし、地獄の悪霊や魔の内部は、殺伐とした荒野や禿山、恐ろしい蛇や猛獣や毒虫として外部へ表象される。

こうした用の相応を物質現象界へ引き移せば、物質現象界は天界と地獄の混在された世界であるから、美しい建築物や庭園もあれば、殺伐とした荒野や禿山もあり、おとなしい牛や羊もいれば、恐ろしい蛇や猛獣もいるように、人間の内部にある善と悪、愛と欲望、知恵と執着といった霊的なものがその用の相応として何らかの形が現れとして顕在化してくるとみられる。

天界における天使や霊の状態の変化は、朝、昼、夕、夜明け前に相応する愛と知恵の状態の変化である。しかし、地獄における悪霊や魔の状態は、夜に相応する欲望と執着の状態である。

霊界における時間は、熱と光の状態の変化として現れ、空間は、善と悪、美と醜、清浄と汚濁等の外観として現れる。

物質現象界における空間と物質が霊界における外観であり、物質現象界の時間と現象が霊界における霊の状態の変化に当っている。自然的なものと霊的なものには相応がある。それを逆にしてみれば、内部的霊的な愛と知恵、欲望と執着が空間と物質として現れ、内部的霊的な状態が時間と現象としてみられるということになるだろう。

そのようにみれば、天使や霊の内部がその周囲に外観として表象されているのだから、人間の内部がその生きている環境における物質と現象として現れているというようにもみられる。それは、天使や霊の内部と外観が用の相応（その内部の愛と知恵により表象される）としてあるのだから、人間の場合には、その内部の条件に応じた因縁により、物質化現象化されたものが現れているとみられるからである。「第４章　３縁起とは何か」にあるように、縁起（因縁生起）とは、「あらゆる存在は、様々な条件が相関しながら生起している状態にある」というものである。人間の心の方向、心の在り方、内在されたもの（器量、性質、才能、徳性等）を条件として、人間の生きている環境条件や結果現象が生起しているともみられるからである。人間の生きている環境条件やそこに生起してくる現象は、人間の内部的なものを条件として現れているとみれば、その条件を変えることによって、生じもし、滅しもすることになる。いわば人間の外部的なものは、その内部の反映としてあるとみられるからである。

人間は、自我、欲望、執着の強固なトライアングルにより、強く外部的なものにとらわれ、対象となるものを求めているが、その外部的なものが人間の心の反映としてみれば、そうしたことは、人間の無明によりもたらされているのである。

人間は、真理思考法に基づいて心の方向を定め、心の在り方を整え、転倒を正すことにより、心的条件が秩序ある状態となるのである。

2　用の秩序と因縁の法

「般若心経」に説かれた空の思想については、「第１章　５　空を観じる知恵」において触れたところであるが、空の思想は、大乗仏教の時代において、インドのナガールジュナ（西暦１５０年～２５０年と推定される）によって、論理的な空の哲学としてまとめられ、「中論」があらわされた。

「中論」において、ナガールジュナは、縁起のゆえに空である、と説いている。

縁起については、「第４章　３　縁起とは何か」において述べたところである。

縁起の理法は、「何々によって何々がある」という相依性《そうえしょう》の法則である。

諸法（すべてのもの）は、他によってあるものであり、自らによってあるものはない。諸法無我とは、すべてのものには我というものがないということである。これは自性がないといわれる。したがって、すべてのものは空なる在り方をしているということである。

すべてのものは空なる在り方をしていて、そこには縁起の理法が働いているとみる。縁起は因縁生起であるから、そこにあるのは因縁の働きであるというのである。それが「第1章　6」で述べた「存在の空相と縁起の実相」である。

「何ものもそれ自身によって存在することができず、それ自身の先に存在するものにより存在しており、かくてあらゆるものは「最初のもの」から存在し――彼らはそれをすべてのものの生命の存在そのものと呼んでいる」。

天使の言葉は、それ自身の先に存在するものをさかのぼっていけば、『最初のもの』である神へ到達するから、すべてのものは神に関連づけられていることにより、存在している、と述べている。（「天界と地獄」9）。

また、天使はすべて善と真理を神に帰して、自分には何もないという。すべて善は神から発するのであり、この善が天界をつくっているからである。

すべてのものは、他によって、即ち神の摂理（法）によってあるものであり、神の生命の流入を受容する器にすぎないというのである。

これは、すべてのものは無我にあるということであり、仏教でいうところの諸法無我に他ならない。天使は次のように語っている。

「天界なる主の王国は用の王国であります。主は、あらゆるものを愛し、あらゆるものに善をなそうと欲し、そして善は用と同一のものです。」（「真の基督教」７３６）。

用の王国については、次のようにいわれている。

「主の王国は、用である目的の王国であり、それと同一の目的である用の王国である。この理由から、用が至るところで、行為または結果をもって示すような形を着せられるように、そのことが、先ず天界で行われ、後には世で行われ、幾多の度を通し、継続的に自然の最も外なるものまで行われるように、宇宙は創造され、形作られた。このことから、自然的なものは霊的なものに、世は天界に用を通して相応している。用がそれらを連結させており、用の着ける形は、それが用の形であるのに応じて相応となり、連結させるものとなっている。」（「天界と地獄」１１２）。

これは、いわば用の秩序といえるものである。

すべてのものは、他によってあるものであり、他に役立つことにより、存在している。すべては無我、空であり、用が働いているというのである。それは、すべて縁起（因縁生起）にある故に、無我・空にあるということと同じである。

仏教における因縁（縁起）の法とここにいわれている用の秩序（神の摂理）は、基本的には同じ趣旨の法則であるということができるだろう。

「第１章　１　価値観と有用性」に述べたように、職業や地位は、役割であって、そのよしあしをいうのは、人間の勝手な意見にすぎない。職業や地位は、その人間の器量、性質、才能等に応じた役割であって、それが用である。

因縁の法は、「何々によって何々がある」ということであるから、その人間の能力等に応じて、その職業や地位があるということになる。職業や地位は、その人間の用であり、因縁なのである。

そこに用がある。そこに因縁があるといっても同じことである。

仏教では、人間も人間の社会も、因縁によって存在し、動いているとみる。様々なものを結びつける働きが因縁であるからである。それは、すべてのものが用の形を着せられており、用が相応によりすべてのものを連結させているとみる。ここでいわれている用の秩序と同じである。

因縁の法、用の秩序（神の摂理）がすべてのものを律しているということである。

人間は、因縁がある、用があるのにもかかわらず、その使命、役割をはたさなければ、自己の内部はそのままにとどまるか、あるいは汚化堕落していく。しかし、人間はその使命、役割をはたすことができれば、その内部は浄化向上していくのである。

人間の内部的なものは、感覚作用ではとらえることのできない世界であるが、そうしたものは確実に存在し、人間の運命に深くかかわっている。死後のことはわからないとしても、現世の事柄には確実にかかわっている。

あまりにも外部的なものにとらわれて、自我、欲望、執着の強固なトライアングルに支配されてしまうと、「第7章　4　人間の心と用の秩序」に述べたように、人間は、内部が閉じられて、外部が開かれた状態になってしまう、といわれているから、外部的世俗的な事柄には眼が鋭くなる反面、内部的霊的な事柄には眼が塞がれてしまう。しかし、人間は自我、欲望、執着の強固なトライアングルを抑制して、天界的な愛へ向うと、天界を見上げる内部が開かれるため、外部的、世俗的には多少うとくなるが、内部的霊的な事柄についてはよく認識できるようになる。

霊的世界に目的と原因があって、物質現象界は結果の世界なのであるから、外部的世俗的な事柄に適合した生き方よりも、内部的霊的な事柄に適合した生き方が、霊界と物質現象界との関連からみても、霊と人間との関連からみても、よりすぐれたものであることは確かである。それが真理思考法に基づく生き方である。そうした生き方が、因縁の法においても、用の秩序においても、自己の内部の浄化向上への道であると説かれている。

因縁と用に逆らうことなく、因縁と用に沿った生き方が何よりも人間に求められていて、そうした真理思考法に基づく生き方をすることによって、他に役立つものとなり、周囲との調和が生まれ、自己の内部が浄化向上されていくのである。それが最も自己にも用にも適合した生き方であるからである。

3 真理思考法における用と因縁

第3章で真理思考法について述べたが、それには三つの要件がある。第一の要件は、心の在り方を整えることであり、第二の要件は、心の方向の問題であり、第三の要件は、用の秩序に従うことである。

第一の要件の心の在り方を整えることについては、「第2章　3　心の在り方について」に述べたとおりである。

第二の要件の心の方向の問題については、これまで何度も述べてきたように、心の方向が自己への愛、世俗への愛といった自己と物質現象的なものへ向かうのか、神と法への愛、他への愛といった天界的なものへ向かうのかという問題である。

第三の要件の用の秩序については、あらゆるものが他によってあるものであり、他の役立つために存在しているのだから、最終的には、人間が最初のものである神につながるものであるということである。

そして存在するものにはすべて創造の映像がある。神の創造は、神の愛と知恵により、用を目的として行われた。創造されたものには、用の相応により連結し、神の愛と知恵を受ける度合いにより、外部と内部が相応するという用の秩序としての創造の映像がある。

前項に述べたように、ここにいわれている用の秩序（神の摂理）と仏教の説く因縁の法は、「すべてのものは、他によってあるものであり、他の役立つことにより存在している」という基本的には同じ趣旨の法則である。したがって、用と因縁は同じ意味になるのである。

真理思考法の第三の要件は、用の秩序と因縁の法に従うことになる。

因縁の法については「第４章　３　縁起とは何か」に紹介したところであるが、用の秩序が三物界―人間―霊界―天界―神という用の体系について規定したものであるのに対して、因縁の法は、人間の心的条件によって、生じもすれば、滅しもするという因果の運動法則を述べたものである。したがって、用の秩序と因縁の法は、同じ意味を持つため、人間を中心として、神から発して天界、霊界を通じて人間へ流入する目的、原因と人間の心的条件によって生起する結果現象について規定することができるものとなる。それは、人間にも創造の映像があるため、外部的なものは人間の心の反映としてあるからである。

このことについては次のようにいわれている。

「愛は目的であり、知恵は手段となる原因であり、用は結果である。」（「神の愛と知恵」２１３）。

「天使たちの三つの度は、天的な度、霊的な度、自然的な度と呼ばれている。彼らにとり天的な度は愛の度であり、霊的な度は知恵の度であり、自然的な度は用の度である。これらの度がこのように呼ばれているのは、天界は、一つが天的王国と呼ばれ、他が霊的王国と呼ばれ、それに世の人間が住っている第三の自然的王国があるからである。そして、天的王国を形成している天使は愛におり、霊的王国を構成している天使は知恵におり、他方、世の人間は用にいて、これらの王国は連結している。」（同２３２）。

これが用の相応による連結である。愛、知恵、用は、目的、原因、結果の関係にある。

愛の天的王国に目的があり、知恵を手段とする霊的王国に原因があり、用の人間の自然的王国に結果が生起する。それは、因縁の法によれば、人間の内部の条件により、生じもすれば、滅しもするということである。

人間の内部の条件は、心の方向、心の在り方によって変化する。

縁起（因縁生起）とは、「あらゆる存在は、様々な条件が相関しながら生起している状態にある」というものである。

真理思考法においては、天的天界の愛の目的が霊的天界の知恵を手段とする原因によって、人間の内部的なものを条件として、物質現象界に用と因縁の結果を生起させるものとなる。

そうした法則の下にありながら、人間は愛ではなく欲望を目的とし、知恵ではなく執着を手段、原因として用と因縁の結果を生起させているため、善よりも悪、真理よりも誤謬へ近づいてしまう。それは、人間の心が無我を目指すよりも自我にとらわれ、神と法への愛、他への愛にあるよりも、自己への愛、世俗への愛にあって、無我、愛（慈悲）、知恵の高貴なトライアングルではなく、自我、欲望、執着の強固なトライアングルングルを形成しているからである。

人間は神と法への愛、他への愛にあって、心の方向が天界的なものへ向いて、自我、欲望、執着の強固なトライアングルを抑制することによって、少しでも無我、愛（慈悲）、知恵の高貴なトライアングルへ近づいた状態において、業をなし、用をはたしていけば、内部が浄化向上されていく。それに対して、人間は自己への愛、世俗への愛にあって、心の方向が物質現象なものへ向いて、自我、欲望、執着の強固なトライアングルが解放された状態において、業をなし、用をはたしていると、内部が停滞するか、汚化堕落されていくのである。それは、前者は自己が自我、欲望、執着の強固なトライアングルを支配する状態にあるが、後者は自己が自我、欲望、執着の強固なトライアングルに支配された顛倒した状態にあるからである。

そうした人間の内部の条件によって、内部が浄化向上、停滞、汚化堕落といった可能性を示すのは、人間が霊的存在であるためである。それは、人間が用の結果の自然的王国として、愛の目的の天的王国と知恵の原因の霊的王国と用の相応により連結されているからである。

「第4章　1　なぜ人間は生れてくるのか」に、次のようにいわれている。

「神的秩序は、途中で停止して、究極的なものなしに、そこに何かを形作らない――それは、そこでは完全と完成を持たないから――それが究極的なものに達すると、そのとき形をとり、そこに集められている手段により、それ自身を更新し、さらに増大させる。そのことは、生殖により行われている。それゆえ、究極的なものの中に、天界の苗床が存在している。」（「天界と地獄」315）。

この言説は、神―霊―人間という存続理由について述べられたものであるが、このことは目的、原因、結果の関係すべてについて言えるものである。

ここに述べてきたものでは、天界、霊界、自然界の関係、人間の愛、知恵、用の関係もそうである。そうした縦の度にあるものは、神を起源とする天界の目的として発したものが、霊界の原因を手段として、自然界の用として結果現象を生起させる。

そうして人間の心の条件により、用と因縁としての結果現象を生起させる。目的としての愛も原因としての知恵も、人間の用として結果を形づくるか、人間の因縁として現象化しなければ、その目的も原因も達成されないからである。

4 人間としての心の問題

物質現象界には、あらゆる職業が存在しているのだから、それぞれの職業と地位にふさわしい人間を必要としている。「第1章　1　価値観と有用性」に述べたように、社長が偉くて、万年社員がくずだとみるのは、人間固有の価値観であって、ものの有用性としてみれば、社長がその役割をはたさず、万年社員がきちんと役割をはたしていれば、どちらが会社にとって有用な人間であるかは、はっきりしている。会社がうまくいくかどうかはトップで決まるといわれているから、倒産する会社があとをたたない以上、かならずしも役割をはたしている社長ばかりとはいい切れない。

人にはそれぞれ才能があって、手先の器用な人もいれば、大雑把な人もいるし、細かいことが得意な人もいる。手先の器用さを利用して、細工職人になる人もいれば、スリになる人もいる。才能を活かしはしたが、後者は道を誤ってしまったのである。

世で出世したり、成功したりしている人たちの生活をみて、自分もそうなりたいと思って、同じ道に進んだとしても、かならずしもうまく行くとは限らない。自分の性質や才能に合った職業ならばうまく行くが、他人がうまく行くことが自分にも当てはまるというのはかなり確率が低いことである。他人の真似をして失敗するのは、他人の出世や成功に目がくらんで、自らの性質や才能を見落としているからである。

たとえ出世や成功を望んだとしても、それ相当の地位に着いたところで、本人にそれ相応の器量がなければ、とても務まるものではない。本人がいくら威張っても、部下がついてこないし、業績も上らない。いずれ本人がつぶれるか、会社が傾いて、役職をはずされるかしてしまう。

器量の大小は、人間の大小ではなく、役割の大小である。また、役割の大小は、その優劣ではなく、歯車の大小のようなものである。大きな歯車ばかりでも、小さな歯車ばかりでも、全体はうまく回転しない。大小の歯車がうまく噛み合って、うまく回転していくのである。

職業や地位は、人間の役割としてある。そして、人間の役割は人間に内在されたものに応じて決まる。人間に内在されたものというのは、器量、性質、才能、徳性等である。

職業や地位と内在されたものを結びつけるのが役割である。役割は用であり、目標である。

出世や成功をして、得意になったり、いい気になったりすると、とんでもない罪をつくったりする。罪をつくれば、徳は決してよくないだろう。

また、うだつが上らなかったり、失敗したりして、酒浸りになったり、愚痴ばかりこぼしていては、世間的な落後者になるばかりか、自分の人生にも負けてしまう。

出世や成功、落ちこぼれや失敗は、人生には浮き沈みがつきものであることを悟るしかない。そうしたものは、自己に内在されたものの条件により、用として、因縁として生起してきた状態であるから、謂れなき楽しみも、謂れなき苦しみもこの世にはないことを知らなければならない。

そうしたことは誰の責任でもない。自己自身によるものなのである。

出世や成功をしていい気になって罪をつくるのか、あるいは自分の役割に専念して、社会的な貢献をして徳を積んでいくのかは、本人の自由意志の問題である。また、落ちこぼれたり失敗をして、役割をはたさず、嘆き暮すのか、そうした境遇に負けず、真理思考法に従う生活を認識し、実践していくのかは、これ又本人の意志にまかされている。

人間は自分に与えられた役割の中で、如何に生きていくのかの選択の自由がある。それは、人間が天界と地獄の均衡の下に置かれているからに他ならない。いずれを選択するかは、人間の合理性の思考に基づく意志の自由によるものなのである。

真理思考法により統合された用の秩序と因縁の法は、隠された目的と霊的原因が手段としての原因により、人間に内在されたものを条件として様々に相関しながらその結果を生起させていることを示している。人間の役割については、人間に内在された器量、性質、才能、徳性等を条件として結果が生起する。そして、その役割をはたしたかどうかが、外部的な出世と落後、成功と失敗ばかりでなく、内部的な生き方の問題としてある。

合理主義思考法によるならば、外部的な人生上の出来事が問題にされるだけで終わる。しかし、真理思考法においては、外部的な人生の浮き沈みの中で、心の方向、心の在り方、役割をはたしたかどうかという用の秩序と因縁の法により、内部的には、浄化向上、停滞、汚化堕落のいずれにあったかという人間の生き方にかかわる問題が生じてくる。

そうした意味でも、自己を知ることの大切さが明らかである。人間は、無明にあって、自己自身について何も知らなければそれまでである。外部的な出世や成功ばかりでなく、内部的な浄化向上を目指すためには、先ず自己自身について知らなければならない。

自己自身についてどれほどのことを知っているだろうか。

自己の感覚作用でとらえることのできる自己の置かれた環境やその生い立ちについては十分知っているだろう。外部的な自己についてはよく知っているとみて考えたいかもしれない。

それでは内部的な自己については、どれほど知っているだろうか。

自分の器量、性質、才能についてはどうだろうか。

そんなことは考えてみたこともないとしたら、かなり迂闊なことだ。自分のことも知らないで、他人の器量、性質、才能について認識し、評価することなど到底できないからだ。それでは、とても人の上に立つ人間にはなれないだろう。いってみれば、他人に使われるだけの人間になってしまうということだ。

自分の心の才能、心の在り方についてはどうだろうか。

こうしたことについては、言われるまではなかなか気づかないものである。それは、現実的な問題であるよりも、心の問題であるからである。

心の問題は、感覚作用ではとらえることのできない霊的なことや死後の世界にかかわるために、考えればわかるというものではない。そのためには、自らで哲学や宗教について学ぶか、幼い頃から宗教的環境に育って、自然に信仰心を身につけているかする必要がある。

伝統的社会には、そうした宗教的環境があって、大人から子供に伝えられ、人々はごく自然に宗教習俗に慣れ親しんでいた。しかし、近代化社会においては、そうした宗教的環境がほとんど失われてしまい、人々は自らで哲学や宗教について学ばねばならなくなった。

われわれは自己自身を知ることについて厳しい社会に生きているといえるだろう。それが個人主義と自由主義のもたらす社会であったからである。

すべては自己に始まって自己に終わる。

人間はそれ以上でもそれ以下でもない。

人間は、世界を手に入れたところで、すべてが外部的なものであるから、自己自身とはならないためである。

自己自身は内部的なものであるから、その浄化向上が何よりも考えられなければならない。それが無明を解いて、涅槃寂静の悟りの境地を目指す修行をすることであったのである。

人間は外部的な人生を送ると共に、内部的霊的に生きている。外部的なものは、人間の感覚作用でとらえられるから、誰の眼にも明らかである。しかし、内部的霊的なものについては、すべてが隠されているために、自己を知るしかない。

人間が物質現象界に生れて、様々な環境条件の中で、身体と心を持って、学びながら成長し、用をはたしながら心の浄化向上をはかっていくのは、運や偶然によるものではなく、自己に内在されたものに応じた用と因縁があって、人間としての生き方が問われているからである。

それに気づくか気づかないか、どのような思考法をもって、どのように生きるかは合理性の能力（思考）

と自主性の能力（意志の自由）を持っている人間としての自己自身の心の問題なのである。

5 人間の社会と用の種類

天才と言われるような人たちの伝記を読んでいると、まるでその人のためにすべてが用意されていたように思われることがある。

例えば、音楽家であるならば、幼い頃から音楽に親しむ環境に生まれ、楽器を遊び道具のようにして育ち、良い教師に出会い、溢れるばかりの想像力に恵まれ、発表の機会を与えられて、人々の称讃によって名声を得る。このようにとんとん拍子に世に出ないまでも、多少の紆余曲折があったとしても、後世に名を残す音楽家となる。ところが、同時代には、多くの音楽家がいて、成功をおさめた者もいれば、線香花火のように消えていった者もいれば、全く世に出ることができずに去っていった者もいたのである。

そして、音楽家ばかりでなく、芸術家でも、学者でも、研究者でも、天才と言われた人たちは、その輝かしい業績の影に、何か暗い不幸や奇妙な言動が残されていて、すべてが用意されていたのは、あくまで仕事に関してであって、個人的事柄に関しては、すべてがその仕事のために奉仕されていたようにさえ思われるほどである。輝やかしい業績は、個人的事柄や家庭生活の犠牲の上に打ち立てられたといってもよいほどである。

すべてが用意されていたのは、用のためであって、大きな用をはたした人ほど、個人的なものや家庭的なものを犠牲にしていたようにみえる。

人生を振り返ってみると、あまりにもうまく仕組まれていたようで、人生にはシナリオ（脚本）があるようだと言った人がいる。

特に家事や子育てが主要な業務となっている女性の場合には、夫婦の縁や親子の縁が、すべてにおいて用意されていたもののように感じられているかもしれない。なぜなら、結婚をし、子を生み、育てることは、人間の最大の用だからだ。

結婚、出産、育児の用が人間の最大の用であるのは、それなくしては人類の種の保存ができず、人類の存続が不可能となるからである。しかも、それは人類ばかりではなく、霊界にも多くの影響を持っている。人類は天界の苗床である、といわれているほどである。（「天界と地獄」３１５）。天使も悪魔も霊もすべて元は人間だったのであり、霊界では霊は生まれないからである。

人生にはシナリオがあるといわれるほど人生がすべて仕組まれているように思われるのは、世で出世や成功をした特定の人に限ったことではなく、用という観点からみれば、誰にでも当てはまることである。人それぞれに用があり、用によって人は生かされ、社会が形成され、維持されているからである。

用が人と人との結びつきをつくり、絆を生み、それが人間の文明も文化もつくり出してきた。用がなければ、人間は社会をつくることも、文明や文化を生み出すこともできなかったに違いないからである。

用ほど人間にとって必要不可欠のものはないといえる。それは、人間は用をしなければ、衣食住に必要なものを得ることができず、家族を養うことも、生きていくこともできないからである。

人間には、生きていくために最低限に必要な用から、精神的に崇高な用まで様々な用がある。

このことについては、次のような天使の言葉がある、といわれている。

「人間は、最初に創造された時には、知恵への愛を与えられましたが、それは自らのためではなく、人間がそれを他の者と共に分つためでした。そのため、何人も自分自身のためにのみ賢明であっては、生きてはならないのです。もしそうでないならば、社会は存在し得ないと賢人の知恵に記されているからです。他のために生きることは、用をなすことです。用は社会を結ぶ絆であり、その数は無限にあります。

神と隣人に対する愛にかかわる社会的道徳的な用があります。

自らの共同体と同胞に対する愛にかかわる社会的道徳的な用があります。

世とその必要物に対する愛にかかわる自然的な用があります。

高い用のための自己保存に対する愛にかかわる形体的な用があります。」（「真の基督教」７４６）。

天使が語っている用についてみていくと、第一の用は、天界的な愛にかかわる霊的な用である。これは、心の方向が天界的な愛にあって、心の在り方が自我、欲望、執着の強固なトライアングルを抑制するように整えられ、無我、愛（慈悲）、知恵の高貴なトライアングルを目指してなされる用ということになる。

第二の用は、自らの共同体と同胞に対する愛にかかわる社会的道徳的な用である。これは、社会には公正なものを示す社会法があり、又、人間が社会を生きていくための誠実なものにかかわる道徳律がある。したがって、人間は住んでいる社会と同胞に対する愛によって、社会的には公正で、道徳的には誠実に用をなさなければならないのである。

裁判官は、私利私欲を離れて、公正に裁判を行う義務がある。

行政官は、賄賂をとらず、公正な業務を執行しなければならない。

商人は、適正な利潤と価格で商品を取引しなければならない。

社会のあらゆる人々が社会的に公正に、道徳的に誠実に用をなせば、その社会はすべて順調に維持され、発展していくのである。

第三の用は、世とその必要物に対する愛にかかわる自然的な用である。これは、人間が社会を生きていくために必要な手段に対する欲望にかかわる自然的な用である。人間は、生活の手段としての衣食住が得られなければ生きていけないのだから、そうしたものを整えるための欲望にかかわる用は自然的なものである。

第四の用は、高い用のための自己保存に対する愛にかかわる形体的な用である。これは、食欲、性欲、睡眠欲などの生理的欲求、安全に対する欲求といった人間が生きていくために必要最低限の欲望を満足させるための形体的な用である。

第一の用から第四の用までを遂行する者は、真に賢明な人間である。

第二の用から第四の用までを遂行する者は、真に賢明ではなく、外部的に賢明な人間である。

第三の用から第四までを行う者は、自然的人間である。

第四の用のみを行う者は、形体的人間である。

人間は、目的となる意志、手段の原因となる思考が結果としての行為を生み出すが、それが愛、知恵、用となるか、欲望、執着、用になるかによって、賢明な霊的人間、外部的に賢明な社会的道徳的人間、自然的人間、形体的人間といったように、用の種類に応じた人間が存在している。それは、結果としての用には、人間の意志と思考が如実に示されているためである。

6 人間の愛と天使の用

「諸天界の社会は、善に応じて区別され、善は用であるところの行為における善であり、仁慈の善であるため、その社会は善に応じて区別されている。」(「天界と地獄」39)。

人間は用の秩序に従い、悪を罪として避け、自分の職業や職務を誠実に公正に行えば、内部的なものが善で満たされ、仁慈の形となる。

天界の社会の用としては、幼児の世話を務めとしている社会があり、その幼児が成長したとき、教育を受け持つ社会がある。

死後、蘇える者たちと共にいる社会があり、その後で、霊界へ入ってきた者たちを天界へ導く役目をしている社会があり、彼らが悪霊に悩まされないように守っている社会がある。

「全般的に、各社会の天使たちは、人間のもとへつかわされて、人間を守って、悪い情愛とそこから発する思考から引き出し、人間が自由から善い情愛を受けるに応じて、人間に善い情愛を吹き込み、そのことによって、人間の行為または業を支配し、可能な限り、悪い意図を遠ざけている。天使たちが人間と共にいるときは、人間の情愛の中に宿って、人間が諸真理から善にいるに応じて人間の近くにいるが、人間の生命が善から遠のいているに応じて遠ざかっている。しかし、天使たちのすべての任務は、神が天使たちを通して行われる任務である。天使たちはそれを自分自身からではなく、神から遂行しているからである。」(同)

天使たちのこうした職業は、彼らにとって全般的な用であるが、各々の天使はその者特有の任務を持っている。

世にいたとき、名誉や利得のためでなく、生命の用のために、自分自身や他の者のために、聖書を愛して、その中の真理を認識し、実践した者たちは、天界では教会の仕事にたずさわっている。彼らは、説教者の務めをはたし、神の秩序に従って明るくされているため、知恵に秀れている者たちは高い地位にいる。

世にいたとき、国を愛し、その共同の善を自分自身の善よりも愛し、公正なものを認識し、実践した者たちは、社会的な務めにたずさわっている。彼らは、公正なものに対する愛の熱意により、理知的なものになっているのに応じて、天界で業務を遂行する能力を持っていて、その理知に一致した地位にいる。

「天界には、余りにもおびただしいため列挙することもできない数多い任務、行政、職業があり、世のものはそれに較べると僅かしかない。すべての者は、仕事を楽しみ、用への愛から働き、誰一人自己または利得を求める愛から働いてはいない。

生活に必要なものは、すべて彼らに無代価で与えられているからである。彼らは、無代価で家庭を持ち、着物を着、食事をとっている。したがって、用にまさって自分自身と世を愛した者たちは、天界では何の分も持っていない。各々の者自身の愛または情愛は、世における生命の後もその者のもとに存続して、永遠に根絶されないからである。」（同３９３）。

人間は、この世に生きているときに抱いていた愛とそれに基づく用の認識と実践のままに、死後も生きる。

「天界の各々の者は、相応にしたがって仕事に携わっており、その相応は業（行為）との相応でなくて、各々の業（行為）の用との相応であり、あらゆるものの相応が存在している。天界で、自分の用に相応した任務または業（行為）にいる者は、世でその者が持っていた生命の状態に類似した状態にいる。霊的なものと自然的なものは、相応により一つのものとなっているからである。しかし、相違もある。天使は、内的な生命である霊的な生命にいるため、内的な楽しさを知り、そこから天界の祝福を受けている。」（同３９４）。

物質現象界においては、自我、欲望、執着の強固なトライアングルが強い者が、高い地位に着いたり、裕福な暮しをしている一方では、用の秩序と因縁の法に従い、悪を罪として避け、誠実に公正に職業や職務にはげんでいる者が、うだつが上らず、世間的に疎外されたりしているばかりか、内部的な楽しさや神の祝福を感じることもまれである。

物質現象界における用と霊界におけるその結果については、次のようにいわれている。

「いかなる用のためでもなく、ただ自分自身のためにのみ生きている者がいる。彼らは公正の福祉を考慮しないし、公共の任務を遂行することに楽しみを覚えることもなく、強制されて行動するが、それもそのように行っていて、任務にたずさわっているとみせかけているのにすぎない。

さらに、彼らの楽しみは、共になって飲み、食べ、他から尊ばれることにある。彼らは、霊界に入ってくると、天界へ迎え入れられることはできない。天界は用の王国であり、各々の者は、身体の生命の国に自分のものとした用の質と量に比例して幸福と楽しさを受け入れるからである。」（「霊界日記」４５４８）。

物質現象界は、天界的なものと地獄的なものが混在した世界であるために、様々な矛盾をはらみ、天界の導きと守護、地獄の誘惑と邪魔が入り乱れて、人間の心を引き合っている。

眼に楽しい、心を誘うものに誘惑されるのは容易であるが、神の聖言《ことば》や法の教えに従うことは難しい。物質現象的な感覚の楽しみはそこに実在するが、内部的な楽しさや神の祝福はそこに感じられるのはまれであるからだ。

「トマスよ、あなたはわたしを見たから信じたのですか。見ずに信じる者は幸いです。」（ヨハネ20、29）。

これはイエス・キリストの言葉である。

見えるものを信じるよりも、見えないものを信じる者が救われる。善と悪、愛と欲望、知恵と執着等霊的なものはすべて見えないものである。しかし、それをしっかり見極めて、認識し、実践することが、人間に求められているとすれば、人間の精神がどれほど高いものになり得るかという証左になるだろう。人間がそうしたものであるからこそ、物質現象界がそのすべてではなく、人間精神の高さに応じた、気高い世界が開けてくるものとみられる。

そうした見えない世界を信じることは、人間の愛であり、知恵であり、用である。それは、自我、欲望、執着の強固なトライアングルを離れて、精神の高さを求めた人間の愛と力のおもむくところだからである。見えないものを信じるということは、自分の中にある見えない世界に憧れるということだろう。眼に楽しい、心を誘う世界は、眼の前にある。しかし、そこに自我、欲望、執着の強固なトライアングルをつのらせている限り、見えないものを信じることができないし、見えない世界に対する憧憬を満たすこともできない。

第５章に述べたように、人間は自己の観念の世界にとどまるのであるから、自分の知らないものや信じないものを愛することはできない。人間はあくまで自己の愛の中にとどまるからである。そしてそれでよしとすれば、それが永遠に続くのである。

人間は、自らの愛が適合した世界に住み、それが永遠に続くということだろう。それは、人間の合理性の能力と意志の自由によるものであるから、人間はどこまでも自らの愛があるがままに生きるのだろう。

あとがき

仏教は2,600年前のインドに、始祖釈尊によって説かれた教えであるが、釈尊没後は諸派仏教、大乗仏教の時代を過ぎて、精緻な学問体系として構築され、中国、朝鮮を通じて日本へ伝えられてからは、学問的なもの、呪術的なもの、儀式的なもの、実践的なものがそれぞれ分離して、行われてきた。そして日本仏教においては、それぞれの宗門における開祖があがめられ、釈尊の教えそのものが片隅に追いやられているきらいがある。

キリスト教は、2,000年前のユダヤにイエス・キリストによって説かれた愛の教えであるが、カソリックにおいては法王の権力が強大なものとなり、プロテスタントにおいては神と子と聖霊という三人の神の問題が生じて、イエス・キリストの教えがどこかに行ってしまっているような観がある。

天台宗を完成させた天台智顗は、この世は空しく、仮のものに過ぎないが、人間は中道（正道）に生きなければならないと説いた。

人間はこの世限りと物質現象的なものにとらわれているが、人間にとってこの世限りなのは、死後には、霊の改良が行われないため、生きているうちにできることをしておかなければならないからである。

すべてが人間の心に発して、心へ帰るということによっても、人間の心の不思議さが明らかである。そうした様々な人間の心の不思議さに気づけば、既成概念や一般常識にとらわれることなく、本書に述べた真理思考法を認識し、実践することができるものと思われる。

人間が何の目的も役割も持たずに、漫然と物質現象界に生れてきたとみるのは、運や偶然にとらわれたあなたまかせの生き方を生むだろう。しかし、人間は現実の厳しさを知れば知るほど、人間には何か役割や使命があり、摂理と呼べるような働きの中にあることに気づかされるにちがいない。

物質現象界は人間にとって決して快楽に生きる所でも好き勝手に生きられるような所でもない。そうかといって、苦行や隠遁に生きる所でもない。

そこに人間が中道に生きることの意義がある。物質現象界は人間にとって修行の場なのである。

著者略歴
櫻井 昭彦（さくらい あきひこ）

1937年12月24日、東京に生れる
中央大学法学部政治学科卒
東京都庁勤務後、退職

心の不思議

2024年12月23日　　初版発行

著者　　　　櫻井　昭彦
発行・発売　株式会社三省堂書店／創英社
〒101-0051　東京都千代田区神田神保町1-1
Tel：03-3291-2295　Fax：03-3292-7687
印刷／製本　株式会社フォレスト

© Akihiko Sakurai 2024　Printed in Japan
ISBN 978-4-87923-282-3　C0014
乱丁、落丁本はおとりかえいたします。定価はカバーに表示されています。